STO à KdF

1943–1945

Die Erinnerungen des Jean Baudet

Mit einem Beitrag von Dirk Schlinkert

Memoria rediviva – Das Selbstzeugnis
eines französischen Zwangsarbeiters
im Volkswagenwerk

[redacted]

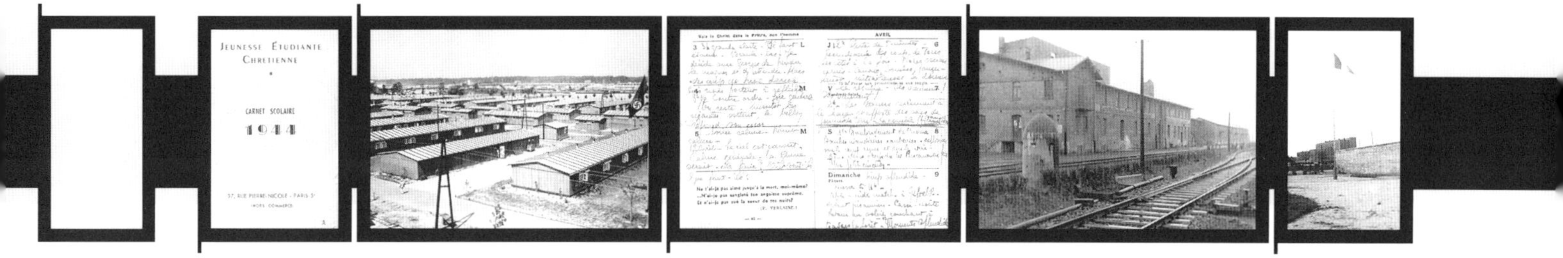

Memoria rediviva – Das Selbstzeugnis eines französischen Zwangsarbeiters im Volkswagenwerk
Seite 7

Einleitung
Seite 15

Periode I: Sommer (August 1943 – April 1944)
Seite 17

Periode II: Herbst (April 1944 – August 1944)
Seite 33

Periode III: Winter (August 1944 bis zur Befreiung)
Seite 45

Periode IV: Frühjahr (Befreiung)
Seite 61

Anmerkungen
Seite 69

Anhang
Seite 73

Memoria rediviva – Das Selbstzeugnis eines französischen Zwangsarbeiters im Volkswagenwerk

Dirk Schlinkert

„Erinnern heißt leben".
Saul Bellow, Bellarosa Connection

Autobiografische Erinnerungen sind individuell und unverwechselbar. Doch sind sie keine Kopien oder naturgetreue Aufzeichnungen der vergangenen Wirklichkeit. Es handelt sich vielmehr um komplexe Konstruktionen der Vergangenheit, die eine subjektive Wahrnehmung und Sicht der Ereignisse vermitteln. Sie sind gebrochen durch den Spiegel der persönlichen Lebenserfahrungen und werden durch die gegenwärtige Lebenssituation nachhaltig beeinflusst. Erinnerungen halten fest, wie Ereignisse erlebt und verarbeitet wurden und wie diese Ereignisse heute wahrgenommen und beurteilt werden. Wer im höheren Alter auf sein Leben zurückblickt, erinnert sich meist an die Periode des Lebens, die für die Ausbildung der persönlichen Identität von besonderer Bedeutung war. Besonders klar treten im Gedächtnis die Ereignisse hervor, die in der Jugend und im jungen Erwachsenenalter prägend waren. Diese wenigen Jahre schreiben sich tief in das individuelle Gedächtnis ein und sind häufig resistenter gegen das Vergessen als Ereignisse aus der Kindheit oder aus der Zeit als Erwachsener. Auch nach mehr als fünfzig Jahren sind sie noch virulent. Um sich ein lange zurückliegendes Geschehen ins Gedächtnis zu rufen, braucht es häufig den Impuls der Gegenwart.

Jean Baudet entschloss sich im Sommer 1998, sich intensiv mit seiner Zeit als „S.T.O. à KdF" zu beschäftigen und seine Erlebnisse für die Nachwelt schriftlich festzuhalten. Was bewog ihn zu dieser Entscheidung? Die Zeit als französischer Zwangsarbeiter im damaligen Volkswagenwerk war über fünf Jahrzehnte beinahe vollkommen in den Hintergrund getreten. Erst nach dem Ausscheiden aus dem aktiven Berufsleben als kaufmännischer Geschäftsführer eines mittelständischen Unternehmens der Kunststoffindustrie wuchs ganz allmählich wieder das Interesse an diesem Lebensabschnitt. Doch ging die Initialzündung von der Rückkehr an den Ort aus, an dem der damals gerade 21 Jahre alte Jean Baudet über einen Zeitraum von fast zwei Jahren leben und arbeiten musste.
Nach einem ersten Besuch im Jahr 1955 kam er zum zweiten Mal in Begleitung seiner Ehefrau und nun mit Jacques Le Franc, einem langjährigen Freund und ehemaligen Kameraden in der Baracke des Gemeinschaftslagers, nach Wolfsburg. Jean Baudet besuchte das Werk Wolfsburg, besichtigte die Hallen, in denen er gearbeitet hatte, und einen ehemaligen Speisesaal, in dem er nach seiner Ankunft in der „Stadt des KdF-Wagens" erste Instruktionen für seine Arbeit im

Taschenkalender des Jahres 1944

Werk erhalten hatte. Er besichtigte den im Herbst 1991 vor dem Sektor 2 der Südstraße des Werkes Wolfsburg gesetzten Gedenkstein, der an die Opfer der Zwangsarbeit im damaligen Volkswagenwerk erinnert, und er ging in die ehemaligen Luftschutzbunker im Sockelgeschoss der Halle 1, in denen er während der Luftangriffe gewesen war und traumatische Ängste durchlebt hatte. In sechs Räumen dieser Luftschutzanlage sollte wenige Monate später der Aufbau der „Erinnerungsstätte an die Zwangsarbeit auf dem Gelände des Volkswagenwerks“ beginnen. Jean Baudet interessierte sich für das Ausstellungskonzept und sagte spontan seine Hilfe bei der Beschaffung geeigneter Ausstellungsobjekte zu. In diesem Zusammenhang erwähnte er eine Reihe von Privatbriefen, Fotos und Schriftstücken, die er als persönliche Erinnerungsstücke gesammelt und aufbewahrt hatte. Diese Dokumente befinden sich heute als Depositum im Unternehmensarchiv von Volkswagen. Etliche Objekte und Fotos werden in der Ausstellung der „Erinnerungsstätte“ gezeigt.[1]
An den authentischen Orten des Geschehens kehrten die Erinnerungen zurück. Jean Baudet erzählte bei seinem durch den Kulturverein Neindorf vermittelten Besuch am 5. Juni 1998 in Wolfsburg ausführlich über einzelne Erlebnisse aus seinen knapp 21 Monaten in der deutschen Rüstungsindustrie.[2] Seine Erinnerungen waren klar, lebhaft und anschaulich – eine Sammlung persönlicher Geschichten und Anekdoten. Jean Baudet entschied sich noch im Verlauf des Besuchs, seine Erinnerungen niederzuschreiben und auf das Angebot einzugehen, seine „souvenirs“ in den „Historischen Notaten“, der Schriftenreihe des Unternehmensarchivs, zu veröffentlichen.[3]

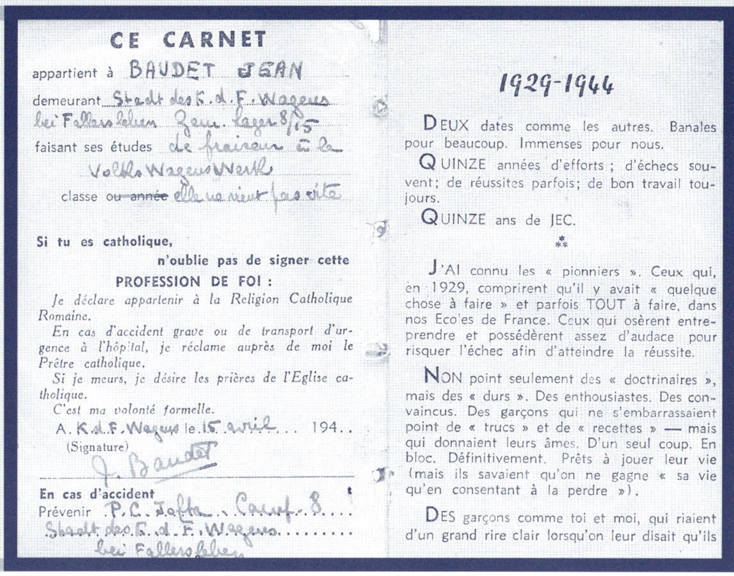

CE CARNET

appartient à BAUDET JEAN

demeurant Stadt des K.d.F. Wagens bei Fallersleben Gem. Lager 8/15

faisant ses études de fraiseur à la Volkswagenwerk

classe ou ~~année~~ elle ne vient pas vite

Si tu es catholique,

n'oublie pas de signer cette

PROFESSION DE FOI :

Je déclare appartenir à la Religion Catholique Romaine.

En cas d'accident grave ou de transport d'urgence à l'hôpital, je réclame auprès de moi le Prêtre catholique.

Si je meurs, je désire les prières de l'Eglise catholique.

C'est ma volonté formelle.

A. K.d.F. Wagen le 15 avril ... 194..

(Signature) J. Baudet

En cas d'accident

Prévenir P.C. Jofta Camp 8 Stadt des K.d.F. Wagens bei Fallersleben

1929-1944

DEUX dates comme les autres. Banales pour beaucoup. Immenses pour nous.

QUINZE années d'efforts ; d'échecs souvent; de réussites parfois; de bon travail toujours.

QUINZE ans de JEC.

⁂

J'AI connu les « pionniers ». Ceux qui, en 1929, comprirent qu'il y avait « quelque chose à faire » et parfois TOUT à faire, dans nos Ecoles de France. Ceux qui osèrent entreprendre et possédèrent assez d'audace pour risquer l'échec afin d'atteindre la réussite.

NON point seulement des « doctrinaires », mais des « durs ». Des enthousiastes. Des convaincus. Des garçons qui ne s'embarrassaient point de « trucs » et de « recettes » — mais qui donnaient leurs âmes. D'un seul coup. En bloc. Définitivement. Prêts à jouer leur vie (mais ils savaient qu'on ne gagne « sa vie qu'en consentant à la perdre »).

DES garçons comme toi et moi, qui riaient d'un grand rire clair lorsqu'on leur disait qu'ils

Erste Seite des Taschenkalenders

Unmittelbar nach der Rückkehr aus Wolfsburg begann die Arbeit an den „souvenirs". Sie dauerte etwa zwei Monate. Täglich beschäftigte er sich mehrere Stunden mit diesem Lebensabschnitt. Er verfaßte die „souvenirs" als handschriftlichen Bericht, schrieb Kommentare in Fußnoten, illustrierte die Darstellung mit einer Reihe von Fotografien und versah den Text schließlich mit einem Anhang aus Bildern und Dokumenten, die er als persönliche Erinnerungsstücke über die Jahre hinweg aufbewahrt hatte.[4] Um seine Erinnerungen zu schreiben, waren die Voraussetzungen günstig wie selten: Er konnte auf Erinnerungsberichte ehemaliger Kameraden zurückgreifen, mit denen er den Kontakt gehalten hatte, und telefonierte regelmäßig mit Jacques Le Franc und anderen Zeitzeugen, um verschiedene Fragen und Details zu klären.[5] Er studierte die etwa fünfzig Briefe und Postkarten, die er bis zum Frühjahr 1944 an seine Eltern in seinem Heimatort Balaives (Ardennen) und an seinen Onkel in Châlons sur Marne geschrieben hatte. Und er (re-)aktivierte seine Erinnerungen schließlich durch die Eintragungen in einem Tagebuch, das er ab dem 19. Juni 1944 in einem Taschenkalender mit dem Titel „Jeunesse Étudiante Chretienne. Carnet Scolaire 1944", einem Geschenk der Mutter, geführt hatte.[6] Das Tagebuch fügte Jean Baudet, als er mit seiner Ehefrau und anderen Leihgebern an der Eröffnung der „Erinnerungsstätte an die Zwangsarbeit auf dem Gelände des Volkswagenwerks" am 17. Dezember 1999 im Forum des Unternehmensarchivs teilnahm, seinem bereits bestehenden Depositum hinzu.

Wie andere Altersgenossen des Jahrgangs 1922 wurde Jean Baudet durch das Generalkommissariat des „Service du Travail Obligatoire" in Charleville (Ardennen) am 27. Februar 1943 erfasst.[7] Die gesetzliche Grundlage für die Dienstverpflichtung bildete das zweite Gesetz über den „Service du Travail Obligatoire" (STO) vom 16. Februar 1943. Anfang Januar 1943 hatte der „Generalbevollmächtigte für den Arbeitseinsatz", Fritz Sauckel, von der Vichy-Regierung in der „2. Sauckel-Aktion" mit Frist zum 15. März 1943 abermals ein Arbeiterkontingent von 250 000 Arbeitern für die deutsche Rüstungsindustrie gefordert.[8]

Daraufhin erließ die französische Regierung das „Loi du 16 février portant institution du Service du Travail Obligatoire" und setzte ihre aktive Kollaborationspolitik aus dem Vorjahr fort. Das Gesetz sah eine zweijährige Arbeitsdienstpflicht für alle erwachsenen Männer der Jahrgänge 1920, 1921 und 1922 vor. Die Pétain-Regierung bildete dazu das „Commissariat général au Service du Travail Obligatoire", das in den Departements regionale Büros einrichtete, um die Einberufung zum Arbeitsdienst und die Steuerung der Arbeitskräftekontingente zu organisieren. Ausnahmen vom Gesetz vom 16. Februar galten nur für wenige Berufsgruppen (Landwirte, Bergarbeiter, Eisenbahner, Polizisten, Feuerwehrmänner). Studenten erhielten zeitlichen Aufschub bis Anfang September, dann nur noch bis zum 1. Juli 1943, um ihre Abschlussprüfungen abzulegen. Im Mai 1943 hob die Vichy-Regierung die meisten Ausnahmebestimmungen vollständig auf.

Von Juni 1943 an wurden die Maßnahmen zur Rekrutierung von Arbeitskräften für die deutsche Rüstungsindustrie in der „3. Sauckel-Aktion" durch eine Meldepflicht für alle STO-Dienstpflichtigen („carte du travail"), durch polizeiliche Repressionsmaßnahmen und Fahndungslisten erheblich forciert.[9] „Die Zeit der Freiwilligkeit war", so die Bewertung des französischen Historikers Yves Durand, „endgültig vorbei. Man ging über zur Praxis des direkten Zwangs."[10] Wurden Mitte Juni 43 917 französische Arbeiter ausgehoben, so stieg die Zahl bis zum 11. Juli 1943 rapide auf 122 881 Personen, um schließlich bis zum 1. August 1943 auf 141 032 Personen emporzuschnellen. Das höchste Niveau erreichten die Rekrutierungsmaßnahmen zum Jahreswechsel 1943/44 mit 171 907 Arbeitern. Ende September 1944 stammten etwa 11 Prozent der insgesamt etwa 6 Millionen zivilen ausländischen Zwangsarbeiter in der deutschen Kriegswirtschaft, also 646 421 Männer und Frauen, aus Frankreich.[11]

Der Einsatzbefehl zum Arbeitsdienst in Deutschland erging für Jean Baudet am 9. Juli 1943. Er unternahm kurz darauf den Versuch, diese Dienstverpflichtung auszusetzen und sich zurückstellen zu lassen. Der Antrag an die regionale Verwaltung des STO wurde jedoch abgelehnt.[12] Am 23. Juli um 15.00 Uhr hatte er sich gemeinsam mit 400 jungen Männern am Pariser Gare de l'Est einzufinden. Dieses Kontingent gehörte zur „Jeunesse Ouvrière Francaise Travaillante en Allemagne" (JOFTA), einer von der Vichy-Regierung gegründeten Organisation, die Jugendliche für den Arbeitsdienst in Deutschland anwarb und vermittelte.[13] Ein Teil der Dienstverpflichteten ging zur JOFTA in der Hoffnung auf eine gewisse Besserstellung, da ein Einsatz in Deutschland ohnehin unausweichlich schien. Bei anderen mochte darin eine politische Nähe zum Vichy-Regime aufscheinen. Die Arbeit und die Behandlung in der deutschen Rüstungsindustrie enttäuschte diese Erwartungen in jedem Fall.

In den ersten Kriegsjahren war die Zahl französischer Arbeitskräfte auf dem Gelände des damaligen Volkswagenwerks kaum signifikant. Erst im Frühjahr 1943 gelangte eine größere Gruppe französischer Kriegsgefangener in die „Stadt des KdF-Wagens". Es handelte sich um das Arbeitskommando 1366 aus dem Kriegsgefangenen-Mannschafts-Stammlager XI B Fallingbostel mit einer Stärke von 800 bis 1 000 Gefangenen. Seit dem Frühjahr 1943 wurden im Volkswagenwerk neben den Kriegsgefangenen etwa 1 500 französische Arbeiter eingesetzt, die im Rahmen des STO für die deutsche Rüstungsindustrie rekrutiert worden waren und in zwei Transporten im März und Juli 1943 im Volkswagenwerk eintrafen. Sowohl die französischen Kriegsgefangenen als auch die französischen Dienstverpflichteten nahmen im Volkswagenwerk in der Verwaltung, aber auch im Kraftwerk häufig Schlüsselfunktionen ein.[14]

Eine Sonderrolle kam dabei der Gruppe der JOFTA-Arbeiter zu, die zum einen im Gemeinschaftslager in einem gesonderten Areal untergebracht waren. Sie unterstanden zum anderen auch einer eigenen Disziplinargewalt, die durch die örtlichen Ober- und Unterlagerführer der Vichy-Organisation ausgeübt wurde. Sie waren daher den Repressalien durch Werkschutz und Gestapo weniger ausgesetzt. Von Paris aus erfolgte nach einer kurzen Ausbildungsphase der Transport in das Gemeinschaftslager der „Stadt des KdF-Wagens“. Am Abend des 24. Juli 1943 traf Jean Baudet mit etwa 400 JOFTA-Arbeitskräften in der „Stadt des KdF-Wagens“ ein. Er wurde als Hilfsarbeiter der Mechanischen Abteilung des Volkswagenwerks zugewiesen.[15] Ende August 1944 wurde er mit seiner Abteilung nach Neindorf, ein 10 Kilometer südöstlich gelegenes Dorf, verlegt, wo sich in der dortigen Kartoffelflockenfabrik unter dem Tarnbegriff „Kaffee“ ein Verlagerungsbetrieb des Volkswagenwerks befand.[16] Dort wurde er am 12. April 1945 von amerikanischen Truppen befreit. Etwas mehr als zwei Wochen später trat er vom Bahnhof der „Stadt des KdF-Wagens“ aus die Heimreise in sein Heimatdorf Balaives in den Ardennen an.

Die persönlichen Briefe und das Tagebuch bilden die mnemotechnische Basis der „souvenirs“. Im Alter von 76 Jahren – mehr als fünf Jahrzehnte nach seiner Rückkehr in die Ardennen im Mai 1945 – ging er daran, seine 21 Monate als „STO à KdF“ zu beschreiben. Doch ist es erst der Akt des Schreibens (oder des Erzählens), in dem die persönliche

Erster Brief an die Eltern (26. Juli 1943)

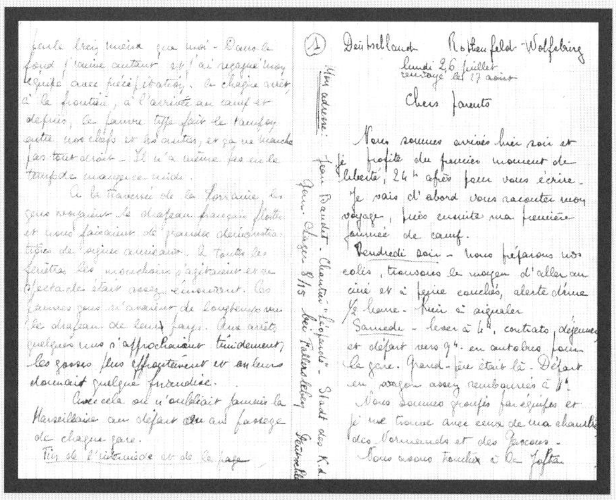

(1) Deutschland Rothenfeld-Wolfsburg
lundi 26 juillet
renvoyé le 17 août

Chers parents

Nous sommes arrivés hier soir et je profite du premier moment de liberté, 24 h après pour vous écrire. Je vais d'abord vous raconter mon voyage, puis ensuite ma première journée de camp.
Vendredi soir – nous préparons nos colis, trouvons le moyen d'aller au ciné et à peine couchés, alerte d'une ½ heure. Rien à signaler.
Samedi – lever à 4 h, [illegible], déjeuner et départ vers 9 h en autobus pour la gare. Grand-père était là. Départ en wagons assez rembourrés à [illegible].
Nous sommes groupés par équipes et je me trouve avec ceux de ma chambre, des Normands et des [illegible].
Nous avons touché à la Jofta [illegible]

Mon adresse: Jean Baudet – Chantier „Léopard“ – Stadt des K.d.F. Gem. Lager 8/15 bei Fallersleben

[illegible] Dans le fond j'aime autant car j'ai regagné mon équipe avec précipitation. A chaque arrêt, à la frontière, à l'arrivée au camp et depuis, ce pauvre type fait le tampon entre nos chefs et les autres, et ça ne marche pas tout droit. Il n'a même pas eu le temps de manger ce midi.
A la traversée de la Lorraine, les gens voyaient le drapeau français flotter et nous faisaient de grandes démonstrations de signes amicaux. A toutes les fenêtres les mouchoirs s'agitaient et ce spectacle était assez émouvant. Les femmes [illegible] de loin vers le drapeau de leur pays. Aux arrêts quelques uns s'approchaient timidement, les gosses plus effrontément et on leur donnait quelque friandise.
Avec cela on n'oubliait jamais la Marseillaise au départ ou au passage de chaque gare.
Tir de l'intermède [illegible] de la page

Erinnerung für die Nachwelt fixiert, in dem die Vergangenheit konstruiert, Geschichte hergestellt wird. Jean Baudets „souvenirs" sind das lebendige Zeugnis eines Zeitzeugen, der mehr als fünfzig Jahre nach den Ereignissen erzählt, wie es aus seiner Sicht gewesen ist. Sie sind gestaltet als kalendarisches Protokoll seines Aufenthalts in der „Stadt des KdF-Wagens" und im Verlagerungsbetrieb „Kaffee". Die Erzählung folgt einem chronologischen Ordnungsprinzip, mal von Tag zu Tag, mal mit Pausen über Tage oder Wochen, als hätten die turbulenten Zeitläufte dem Schreiber den Rhythmus diktiert.

Die erste Phase der „souvenirs" vom Spätsommer 1943 bis zum 7. April 1944 ist rekonstruiert aus den persönlichen Briefen an die Familie. Dann setzt das Tagebuch ein, das Jean Baudet in einem christlichen Taschenkalender des Jahres 1944 (Format: 12x7 cm) bis zum Ende seines Arbeitseinsatzes im Volkswagenwerk im Frühjahr 1945 geführt hat. Eng, mit blauer Tinte beschriebene Seiten, kurze Sätze im Telegrammstil, die aber gelegentlich doch über den Raum, der eigentlich für nur einen Tageseintrag vorgesehen ist, hinauswachsen und sich in kleinen Exkursen über mehrere Tage, ja Wochen erstrecken können. Die letzten freien Seiten im Kalender vor dem jeweiligen Monatsende nutzte er immer wieder für ausführliche Berichte, Kommentare oder nachdenkliche Rückblicke, z.B. über die „culture allemande" (Ende April 1944), über die Auswirkungen der Bombardierungen des Werkes am 29. Juni 1944 (Ende Juni) und am 20. Juni 1944 (Ende Juli), über die neue Situation in Neindorf (Ende Aug./Ende Sept.), über die Silvesterfeier 1944/45 (Ende Dez.) oder über die hektischen Tage der Befreiung im April 1945. Das Tagebuch bricht mit dem Eintrag zum 12. April 1945, dem Tag der Ankunft der Amerikaner in Neindorf, ab. Die „souvenirs" enden jedoch nicht mit diesem markanten Ereignis der vierten Periode, der „Libération" (8. April – 4. Mai 1945). Jean Baudet setzt seine Erzählung chronologisch und detailliert bis zur Rückkehr zu seiner Familie nach Balaives fort. Er beschließt seinen „kurzen Bericht über schwere und auch weniger schwere Tage" am 15. Mai 1945 mit dem Schlüsselsatz, der gewiß ein Leitmotiv der „souvenirs" formuliert: „Espérons qu'il n'en reviendra pas de semblables (Wir wollen hoffen, dass so etwas nie wieder passiert)!"

Jean Baudet ist kein wortkarger, nüchterner Chronist. Er ist ein lebendiger, emotionaler und mitunter sogar fesselnder Berichterstatter. Er beschreibt anschaulich und empathisch nicht nur, was er erlebt hat, sondern auch wie er es persönlich erlebt und erfahren hat. Stets ist er um eine sachliche und ausgewogene Darstellung seiner Erlebnisse bemüht. Doch lassen seine Erzählungen keinen Zweifel daran aufkommen, wie er selbst zum geschilderten Gegenstand steht. Wenn er erzählt, spart er nicht mit kräftigen Farben und scharfen Strichen, bezieht klare Positionen und kommentiert das erlebte Geschehen oftmals mit einer gehörigen Portion Ironie und Humor. Das Gewand eines strengen und verbitterten Richters legt er sich aber nicht an. Vielmehr bemüht er sich in der Rückschau um eine differenzierte Urteilsbildung und bewertet ein Ereignis in seinem jeweiligen Zusammenhang, soweit er diesen persönlich zu überschauen vermag. Immer wieder bezieht er in seine „souvenirs" allgemeine Beobachtungen oder reflektierende Passagen ein, wenn er z.B. die Situation im Gemeinschaftslager, den Arbeitsalltag oder im Januar 1944 die Lage der verschiedenen Zwangsarbeitergruppen schildert.

Jean Baudet schreibt mit dem Gestus des teilnehmenden Beobachters, sieht sich selbst als Teil eines Ganzen, das er ebenfalls in den Blick zu bekommen versucht. Darum der griffige, von seiner Person abstrahierende Titel „STO à KdF", darum das Präsens als dominante Erzählzeit, darum die stilistische Entscheidung, dem kollektiven Plural „wir" oder dem unpersönlichen Pronomen „man" häufig den Vorzug vor dem subjektiven „ich" zu geben. Die autobiografische Erzählung der „souvenirs" erscheint damit als die Erzählung eines ehemaligen Zwangsarbeiters, der sich selbst als Sprachrohr einer Gruppe begreift und sein eigenes Erleben als repräsentativ für die Angehörigen des STO in der „Stadt des KdF-Wagens" verstanden wissen will. So schreibt er seine „souvenirs" als „die Geschichte der meisten jungen Franzosen, die mit mir vom STO nach Deutschland geschickt worden waren".[17]
Diese Strategie des Schreibens, die Jean Baudet in seinen „souvenirs" verfolgt, markiert deutlich die Aktualität und den Gegenwartsbezug seiner Erinnerungen. Daran wird erkennbar, was Jean Baudet aus der Situation im Sommer 1998 – 53 Jahre nach dem Ende seiner Zeit als französischer Zwangsarbeiter im damaligen Volkswagenwerk – als vergangene Realität registriert, was er akzeptiert und wiederum folgenden Generationen überliefert. Oder, wie es der amerikanische Psychologe Daniel L. Schacter formuliert: „Die Geschichten über unsere Vergangenheit bestimmen ganz wesentlich, wie wir uns sehen und was wir tun. Doch unsere Geschichten setzen sich aus vielen verschiedenen Elementen zusammen: Schnipseln dessen, was tatsächlich geschehen ist, Gedanken über das, was hätte geschehen können, und Überzeugungen, von denen wir uns bei unserem Versuch, uns zu erinnern, leiten lassen. Unsere Erinnerungen sind die hinfälligen, aber machtvollen Produkte dessen, was wir aus der Vergangenheit behalten, über die Gegenwart glauben und von der Zukunft erwarten."[18]
Die „souvenirs" repräsentieren die Realität der Zwangsarbeit im damaligen Volkswagenwerk und im Gemeinschaftslager in der „Stadt des KdF-Wagens" aus der Retrospektive eines Zeitzeugen, der sich im Alter von 76 Jahren seiner Zeit als „STO à KdF" erinnert. Sie sind vom Willen zur Wahrheit geprägt, doch bleiben sie letztlich das Produkt einer subjektiven Wahrnehmung und Darstellung. Die „souvenirs" spiegeln die verschiedenen Facetten der vergangenen Wirklichkeit in ihrer individuell erlebten Vielschichtigkeit. Und sie zeigen sehr plastisch die Handlungsspielräume auf, die sich einem jungen Erwachsenen aus Frankreich als „Hilfsarbeiter" im Volkswagenwerk in der „Stadt des KdF-Wagens" und im Verlagerungsbetrieb in Neindorf eröffneten.
Das Spektrum zwischen Reglementierung und selbstbestimmtem Handeln scheint enorm gewesen zu sein: Es reicht vom Privatleben, von Sport, Freizeit und Wochenendaktivitäten, Reisen in die nähere Umgebung, Lesen, Kino und Theater in der „Cianetti-Halle", Post und Paketen, Festen und Feiern, Glück und Depression, über Liebe und Sexualität bis zur Bewältigung ganz alltäglicher Dinge in der Baracke oder im Gemeinschaftslager. Es reicht von Wochen und Monaten des Hungers und des Mangels bis zur „Zeit des Überflusses" nach der Befreiung im April 1945. Jean Baudet schildert den Arbeitsalltag unter Zwang in der Fabrik am Mittellandkanal, zeigt das Nicht-Arbeiten und Formen der Resistenz in der Situation der betrieblichen Desorganisation nach den Bombenangriffen. Luftalarm, Bombenangriffe und Bunkerräume, die Ängste um das eigene Überleben, Strafaktionen,

Furcht vor Terror, Schikanen und Repressalien durch die Organe der SS, der Gestapo oder des Werkschutzes kommen ihm ebenso in den Blick wie die sozialen Beziehungen, Konflikte und Unterschiede zwischen den verschiedenen Gruppen von Zwangsarbeitern. Sein Erinnerungsbericht liefert Innenansichten der multiethnischen Belegschaft des damaligen Volkswagenwerks. Er beschreibt die Solidarität und gegenseitige Hilfe der Kameraden und Landsleute in der Baracke 8/15, die gemeinsamen Strategien zur Bewältigung ihres Lebens in der Fremde unter den besonderen Verhältnissen des Zwangs, die sie in den Augen des jungen Jean Baudet zu einer Art „Familie“ machten. Dieses kontrastreiche Spektrum charakterisiert die besondere Bedeutung der „souvenirs“ als historisches Dokument. Sie sind ein beredtes Zeugnis für das Leben eines jungen Franzosen unter den schwierigen Bedingungen der Zwangsarbeit in einem Unternehmen der deutschen Rüstungsindustrie.

STO à KdF. Die Erinnerungen des Jean Baudet. Einleitung

Bis zum April 1944 führte ich kein Tagebuch, da die Post nach Frankreich noch reibungslos funktionierte. Ich berichte hier meine Erinnerungen, die bedeutsamsten Ereignisse. Zahlen und Daten habe ich den Briefen entnommen, die ich bis zum April 1944 meiner Familie schrieb, insgesamt 40 Briefe, die alle erhalten sind.

Diese Briefe klingen recht optimistisch. Zum einen wurden sie durch die Behörden kontrolliert – durch einen blauen Querstrich versuchte man, Geheimtinte zu entdecken. Zum anderen wollte ich meine Eltern nicht beunruhigen.

In dieser Zeit ist eigentlich nichts Bedeutsames passiert, das tägliche Einerlei: Lager und Arbeit, Arbeit und Lager. Ich begann, ein Tagebuch zu führen, als die ersten Bomben auf das Werk fielen. Davon konnte ich meinen Eltern nicht schreiben und ich ahnte, dass dies der Anfang einer schweren Zeit war.

Dieser Bericht enthält nichts Ungewöhnliches. Ich war kein Held, kein Abenteurer, kein Draufgänger. Ich war gezwungen, in der KdF–Stadt zu arbeiten und zu leben. Ich wollte diese Zeit so gut wie möglich hinter mich bringen, auf bessere Zeiten wartend, ohne mich besonders hervorzutun.

Das ist die Geschichte der meisten jungen Franzosen, die mit mir vom STO nach Deutschland geschickt worden waren. In unserem Alter, in unserer Lage, und da wir wussten, dass wir nur eine begrenzte Zeit dort waren, galt unser Hauptinteresse einer einzigen Sache: dem Essen. Denn Essen bedeutete Überleben. Es war ein Bedürfnis, und es war Ablenkung. Unsere Gedanken und unsere Gespräche kannten kaum ein anderes Thema. Außerdem fehlte uns trotz des freundschaftlichen Verhältnisses, das unter uns bestand, die Gegenwart der Frauen. Auch das beschäftigte uns sehr.

Jedenfalls suchten wir, um von unserer eintönigen und uns gleichgültigen Arbeit loszukommen, nach Ablenkungen, welche auch immer es gab (Sport, Kino, Theater, Konzerte). Ich persönlich fühlte mich besonders von der Natur angezogen. Sie gab mir Ruhe, Frieden und Lebensfreude – ein wirksames Mittel gegen den Alptraum, den wir durchlebten.

Periode I: Sommer (August 1943 – April 1944)

Im Frühjahr 1943 bin ich Gymnasiast in den Ardennen. Ich bereite mich auf das Abitur vor. Ich habe durch den Krieg zwei Jahre verloren. Ich stamme aus der Gegend von Sedan und wurde im Mai 1940 mit meiner Familie evakuiert, ein Jahr nach Charente-Maritime und ein Jahr in die Marne. Wir kehren erst im September 1942 in die Ardennen zurück. Unser Gebiet ist „verbotene Zone“[19], und wir hatten alles verloren.
Wohl im Februar 1943, als der Austausch französischer Kriegsgefangener gegen zivile Freiwillige gescheitert war, wurde der STO („Service du Travail Obligatoire“) gegründet. Ab Februar und März 1943 werden Arbeiter aus den Fabriken und junge Leute aus den Büros abgezogen, ohne Rücksicht auf ihr Alter. Im Gegenteil: Es wird beschlossen, die jungen Leute im wehrfähigen Alter, also der Jahrgang 1942, dem ich angehöre, und später auch der Jahrgang 1943, zu verpflichten, für die STO nach Deutschland zu gehen. Die Schüler bekommen einen Aufschub bis Juli, um ihre Prüfungen machen zu können.
Ich selbst wie auch die meisten anderen jungen Männer habe keine Lust, in Deutschland zu arbeiten. Wir ertragen die Besatzung, mehr oder weniger passiv, haben aber nicht den Wunsch, für das Reich zu arbeiten und dadurch zur Verlängerung des Krieges beizutragen. Was also tun?
Seit April stelle ich mich bei der Verwaltung, bei der staatlichen Eisenbahn „SNCF“ (Société Nationale des Chemins de Fer), bei der „Electricité de France“ und bei Industrieunternehmen vor, um eine Anstellung zu finden.

Aber überall dieselbe Frage: „Welcher Jahrgang sind Sie?“ „1922“ – „Also dann kann ich nichts für Sie tun.“
Niemand will mich. Überall schließen sich die Türen. Ich habe tatsächlich nur sehr wenig Beziehungen. Also weiß ich auch nicht, wie man es anstellt, nach England zu gelangen. Auch weiß ich nichts von der Résistance, einer streng geheimen Organisation, die man übrigens in dieser Zeit noch „Terroristen“ nennt.[20] In Frankreich zu bleiben und im Verborgenen eine illegale Existenz zu führen, erscheint mir sehr riskant. Es entspricht auch nicht meinem Charakter.
Im Juni etwa ging ein Gerücht um: Jeder, der nicht bereit sei, zu gehen, soll durch seinen Vater oder seinen Bruder ersetzt werden. Ich habe einen jüngeren Bruder und einen Vater, der im Krieg 1914 – 1918 gedient hat. Diese Alternative kann ich nicht ertragen und entschließe mich, doch zu gehen.
Gehen, ja, aber unter möglichst günstigen Bedingungen. Ein Schulkamerad, der mehr Glück hat als ich, arbeitet beim Jugendministerium und erzählt mir von der JOFTA - Jeunesse Ouvrière Francais Travaillante en Allemagne. Das ist eine neue, von der Vichy-Regierung geschaffene Organisation, ähnlich wie die Jugendarbeitsgruppen in der „freien Zone“, die Jugendliche der Jahrgänge 1942 und 1943 erfassen soll. Wir werden in Gruppen abreisen unter der Leitung französischer Anführer und gewisse Vorteile genießen. Ich erkläre mich einverstanden. Unmittelbar nach meinen Abschlussprüfungen, wohl um den 20. Juli, werde ich nach Paris zum Boulevard Kellermann einberufen.

Juli 1943 – Wir bleiben einige Tage in Paris. Man gibt uns eine dunkelblaue Uniform. Wir verbringen die Zeit damit zu lernen, im Gleichschritt zu marschieren und Marschlieder zu singen. Wir haben Anführer, die kaum älter sind und kaum eine bessere Ausbildung besitzen als wir. Sie sind wohl vor allem durch Beziehungen, Kameraderie und persönlichen Ehrgeiz zu ihren Posten gekommen. Was mich betrifft, so bin ich gezwungen zu gehen. Ich will nicht zu viel Eifer zeigen und bescheiden bleiben.

Am 23. Juli steigen wir am Gare de l`Est in den Zug, in alte Waggons der 3. Klasse, mit wehenden französischen Fahnen. Wir singen aus vollem Hals die Marseillaise. Es ist das erste Mal seit Ankunft der Deutschen, dass wir die Möglichkeit haben, dies ohne Angst vor Repressalien zu tun, und wir nutzen diese Gelegenheit. Als wir durch Metz und Lothringen fahren, singen wir doppelt so laut. Wir wagen es sogar, zu singen: „Elsaß und Lothringen kriegt Ihr nicht!“, ein besonders antideutsches Lied. Wir ernten Freuden- und Bravorufe von den Lothringern, die für fünf Jahre Deutsche geworden sind.

Nach Metz, Mainz, Gießen und Kassel kommen wir am Abend des 24. Juli 1943 um 18.30 Uhr an. Es ist ein schöner, sonniger Abend. Vor uns liegt eine gewaltige Fabrik aus roten Backsteinen, ganz neu, großartig, riesig. Dieser Eindruck hat sich tief in meinem Gedächtnis verankert. Der Zug hält. Wir sind am Ziel.

Fassade des Kraftwerks (aus Südosten)

Wir stellen uns mit Gepäck in Reih und Glied auf und marschieren im Gleichschritt, die französische Fahne an der Spitze, unserem Schicksal entgegen. Wir passieren das Zivillager der Franzosen, die bereits im Februar und März angekommen sind. Sie empfangen uns mit Schreien, Hohn und Spott. Sie glauben, wir seien Freiwillige. Das ist schwer zu ertragen! Wir waren 400 JOFTAs aus allen Schichten, aus allen Gegenden Frankreichs: Studenten, Arbeiter, Bauern, Beamte. Man behauptet sogar, eine Gruppe aus Marseille sei für diesen Anlaß aus dem Gefängnis entlassen worden.
Man verteilt uns auf die Baracken, 18 Mann in ein Zimmer (ich bin in der 8/15). Am nächsten Tag müssen alle ins Werk. In einem großen Speisesaal hält ein kleiner Mann ohne Bart und mit piepsiger Stimme eine Ansprache. Er steht auf einem Tisch und trägt eine SA-Uniform. Natürlich verstehen wir von dieser Rede kein Wort. Später haben wir erfahren, dass er „Gericht" hieß. Er war Leiter des Werkschutzes und Vorgesetzter der Ausländer.[21]
Man fragt uns nach unseren Fachkenntnissen. Ich sähe mich gern als Zeichner in einem Büro. Aber für diesen Posten gibt es viele Anwärter und nur fünf Plätze.
Die Abteilungsleiter, einige von ihnen „Meister", sind gekommen, um das Personal zu suchen, das ihnen fehlt. Man fühlt sich wie auf einem antiken Sklavenmarkt. Schließlich werde ich ausgesucht, um als Hilfsarbeiter in der Mechanischen zu arbeiten. Man gibt mir einen „Ausweis" mit Foto. Dazu ein rundes Abzeichen mit VW-Emblem und rotem Rand, was Mechanische bedeutet, und schließlich meine Nummer 6-125, zwei Dinge, die ich immer bei mir tragen muss.

Am nächsten Morgen um 6.30 Uhr stelle ich mich bei meinem Meister vor, der auf mich einen sympathischen Eindruck macht. Er ist schlank, hat braune Haare und trägt ein graues Hemd mit roter Armbinde. Später erfahre ich, dass er Österreicher ist. Ich hatte niemals Schwierigkeiten mit ihm. Er heißt Herr Schmelzle. Er übergibt mich in die Hände eines Vorarbeiters, Erik Paust, blond und blauäugig, mit Brille und modischer Frisur. Er sollte während meines ganzen Aufenthaltes in Deutschland mein Vorgesetzter sein. Wir haben uns immer gut verstanden. Anders als meine Kameraden spreche ich ein paar Worte Deutsch, und das erleichtert die persönlichen Beziehungen.

August 1943 – Unser Meister ist für das Fräsen von Zahnrädern verantwortlich. Zahnräder gibt es in allen Formen: große, kleine, platte und lange, schraubenförmige und konische. Erik erklärt mir die Arbeit an einer kleinen, einfachen Maschine. Man braucht das Werkstück nur zu befestigen und auf einen Knopf zu drücken. Der Vorgang des Fräsens dauert zwei Minuten, und die Maschine hält von selbst an. Man wechselt das Werkstück, und dann wieder von vorne. Diese Arbeit strengt in der Tat kaum an, ist aber sehr monoton. Während der 12 Stunden in der Fabrik muss man seinen Geist beschäftigen. Kurz darauf gibt man mir eine zweite, ähnliche Maschine: Der Rhythmus ist nun interessanter.

Anfangs ist unser Tageslauf: 5.00 Uhr Aufstehen, 6.00 Uhr Ankunft in der Fabrik, Suppe im Speisesaal, 6.30 Uhr Arbeitsbeginn, 9.15 Uhr Frühstückspause mit Imbiss aus dem Brotbeutel. Mittags Mahlzeit in der Kantine. Dann wieder Arbeit von 12.45 Uhr bis 17.30 Uhr. Die Nachtschicht arbeitet von 18.00 Uhr bis 6.00 Uhr früh mit einer 45-minütigen Pause um Mitternacht für eine Suppe in der Kantine.

Sehr bald teilt mich mein Meister jede zweite Woche zur Nachtschicht ein. Das geht von Sonntagabend bis Samstag früh. Die ersten Wochen waren mühsam, es war ungewohnt, und die große Hitze im August. Wir hatten 30°C im Werk. Ich erinnere mich genau an den Geruch von heißem Gummi, Öl und Farbe. Die Stimmung war nicht besonders gut. Zum Glück gab es in den ersten Tagen beinahe Nacht für Nacht Alarm, und später noch häufiger. Man stoppt die Maschinen und geht hinab in die Bunker. Wir werden eingeschlossen, und ein bewaffneter SS-Mann bleibt im Flur. Aber für uns bedeutet das Erholung, und wir nutzen die Zeit, um ein wenig zu schlafen. Ein anderer Vorteil der Nachtschicht: Die Meister sind nicht anwesend, nur ein Vorarbeiter, wenige vom Werkschutz[22], und nach 22.00 Uhr ist es ruhig: Man kann Zeitung lesen, das „Echo von Nancy" zum Beispiel, zwar deutsche Nachrichten und Propaganda auf Französisch, aber es gibt eben nichts anderes. Doch muss man seine Arbeit fortsetzen. Bei Tage wie in der Nacht finde ich bei meiner Ankunft eine Menge Werkstücke vor, die ich bearbeiten muss, und es ist ratsam, diese fertigzustellen.

Die ganze Mannschaft der 8/15

In der ersten Zeit werden wir sehr gut ernährt, z.B. morgens Eintopf, mittags Suppe, ein Würstchen mit Gemüse, Kuchen mit Sahne, Kartoffeln, soviel man will, abends Suppe, Brot und eine kleine Auswahl von Margarine, Leber- oder Blutwurst, Käse und Marmelade.

Wir, die wir aus einem besetzten Land kommen, in dem seit drei Jahren Hunger herrscht, finden das ganz wunderbar und hoffen, dass dieser Zustand sich nicht ändert. Wir nehmen unsere drei Mahlzeiten in einem großartigen Speisesaal ein. Auf der einen Seite eröffnet der Saal durch große Fenster den Blick auf das freie Feld, an der anderen Wand befinden sich herrliche farbige Fresken. Große Holztische, tadellos sauber und Geschirr und Besteck mit dem VW-Zeichen.

Speisesaal im Südrandbau des Volkswagenwerks

Gemeinschaftslager, im Hintergrund Südfassade des VW-Werks (1939)

Aber das war nicht von langer Dauer. Die Tischgedecke verschwanden sehr schnell und wurden eingespart. Nun müssen wir uns anstellen, um unsere Ration in einer Schüssel aus Emaille, die wir erhalten hatten, zu empfangen. Wir müssen mit einem Löffel essen, den wir aus Frankreich mitgebracht hatten. Von nun an tragen wir Eßgeschirr und Löffel stets im Brotbeutel bei uns.

Das Leben im Lager findet sich schnell. Wir haben nicht viel Zeit, und die Nächte sind recht kurz. Wir sind 18 Mann in der 8/15, eine bunte Mischung: Leute aus dem Languedoc, Basken, aus der Normandie, der Charente, zwei aus der Champagne. Aber die Atmosphäre ist ausgezeichnet, sehr lustig, und wir verstehen uns glänzend. Bei der Ankunft bekam jeder eine Aluminiumschüssel zum Waschen und zum Kochen, ein Bettuch, einen Bezug für den Strohsack und drei Decken. Wir schlafen in Etagenbetten aus Holz. In der Mitte des Raumes: ein Tisch, zwei Bänke, ein Ofen und zwei große Aluminiumkannen, um Wasser und Bier, später um Kaffee-Ersatz am Morgen zu holen.

Für die Tagschicht ist der Samstagnachmittag frei. Wir nutzen die Zeit, um zu schreiben, zu lesen und vor allem um in unserer Schüssel die Wäsche zu waschen. Im Werk geschieht das Fräsen der Zahnräder unter Zufluß weißer Flüssigkeit, einer Öl-Emulsion, die das Metall abkühlen soll. Aber wir sind voller Öl, auch unsere Kleidung, und das Waschen ist schwierig. Zum Glück bekommen wir ein spezielles Waschpulver und benutzen fließendes Wasser, können aber nichts auskochen.

Wir können Spaziergänge auf dem Land machen oder können bis Dezember 1943 abends sogar mit dem Zug nach Braunschweig fahren. Einige gehen ins Kino in die „Cianetti-Halle“, ein großartiges Gebäude ganz aus Holz, das die Italiener aufgebaut haben[23], und das zur „KdF-Halle“ wird, als wenige Monate später ebendiese Italiener das Bündnis mit dem Reich verlassen.

Wir erhalten ziemlich regelmäßig Post aus Frankreich[24], sogar Pakete von unseren Familien mit Sachen, die sie sich selbst vom Munde absparen. In der Woche brauchen wir nichts, aber am Wochenende sind die Rationen im Werk wesentlich kleiner, und wir sind 20 Jahre alt.

Die „Cianetti“ mit Erik Paust, zwei Jahre lang unser Vorarbeiter

September 1943 – Die Franzosen organisieren die Freizeit nach ihren Fähigkeiten und Neigungen. Einige spielen Theater, andere gehören einem Chor an, andere haben ein kleines Orchester, das „Orchestre France“, gegründet und spielen zu unserer Zerstreuung am Sonntagnachmittag in der Kantine des Lagers. Einige spielen Tischtennis oder Fußball, die meisten tun einfach nichts. Ich selbst spiele Fußball. Bis zu unserem Abmarsch nach „Kaffee“ spiele ich beinahe jeden Sonntag. Wir haben mit sechs Mannschaften eine französische Meisterschaft veranstaltet. Jede Mannschaft vertritt eine Region. Später spiele ich in der französischen Mannschaft von KdF, was kurze Reisen in die ganze Umgebung erlaubt. Ein schöner Glücksfall.

Wir sind etwa 1 400 Franzosen, davon 400 JOFTAs. Am 4. August fahren etwa 100 in den Schwarzwald, um die Reparatur von Flugzeugtragflächen zu erlernen. Jeden Morgen marschieren wir im Gleichschritt in die Fabrik und kommen genauso zurück. Am Sonntagmorgen ist Uniform- und Fahnen-Appell auf dem Cianetti-Platz. Wir sind ein wenig stolz darauf, die französische Fahne wehen zu sehen. Wir denken an unser Vaterland und unsere Familien. Aber das alles läßt allmählich nach.

Oktober 1943 – Als ich in KdF ankam, war ich überaus erstaunt, diese hochmoderne Fabrik mit ihren Maschinen und ihren mehr als komfortablen Speisesälen zu sehen. Auch das Lager war sehr komfortabel, hübsch gepflegt mit Rasen und Blumen und Wegweisern, aus Holz geschnitzt. Aber was mich am meisten überrascht, ist die soziale Organisation zum Wohle der Arbeiter. Zu Beginn genießen wir dieselben Vorteile wie die Deutschen, wenn auch an anderen Orten.

Kantinen, Verpflegung, Toiletten, Duschen, alles ausgezeichnet. Das Sport- und Freizeitangebot war organisiert, und es war leicht, daran teilzunehmen. Man sah, dass es sich um die Pilotfabrik des NS-Regimes handelte, ein Vorzeigeobjekt für das deutsche Volk und die Welt.

Die andere Seite der Medaille war das Regime selbst. Ich hatte den Eindruck, alle Deutschen seien Parteimitglieder und trügen das Abzeichen im Knopfloch. Sonntags in der Stadt oder in der Fabrik, wenn wir am Vormittag arbeiten mussten, stellten sie ihre Uniform zur Schau (meist die SA-Uniform).

Die Disziplin im Werk war streng. Der Werkschutz überwachte uns, manchmal die SS, und auch die Gestapo in Zivil, die wir für Ingenieure halten konnten. Wer auf der Toilette beim Rauchen oder beim Nichtstun erwischt wurde, dem wurde der Kopf rasiert und er wurde mit fünf Tagen im Lager 18 bestraft. Das war üblich. Das Lager 18 lag direkt neben unserem Lager. Es war vollkommen abgeschirmt, so dass ich die ganze Zeit nicht wusste, wo es sich befand.[25] Wenn jemand der Sabotage beschuldigt wird, bekommt er drei Wochen im Lager 21, eine schlimmere Einrichtung als die Konzentrationslager.[26] Ich habe Kameraden gesehen, die von dort zurück kamen, kahl geschoren, abgemagert, blass, fix und fertig. In der Regel verbrachten sie einige Zeit im Krankenhaus, bevor sie die Arbeit wieder aufnahmen. Einige kehrten nie zurück.

Am 20. oder 22. Oktober hatte ich Nachtschicht an meinen zwei kleinen Maschinen, die von ganz alleine liefen. Ich hatte einen der ersten Briefe von meinen Eltern bekommen und las ihn noch einmal, ohne zu bemerken, dass meine beiden Maschinen fast gleichzeitig stehengeblieben waren, was selten vorkam. Plötzlich hörte ich, wie jemand schrie: „Was ist los? Sabotage! Nummer?“ und dann eine Flut von Beschimpfungen. Es waren zwei Männer von der Gestapo, wie man sie sich vorstellt, mit Stiefeln, Filzhut und langem Ledermantel. Ich war sehr beunruhigt. Die Nacht wollte kein Ende nehmen. Sie hatten mir eine schriftliche Vorladung zur Gestapo für den nächsten Morgen gegeben. Als ich die Fabrik verließ, erzählte ich meinen JOFTA-Anführern, die mich zur Gestapo begleiten sollten, von meinem Missgeschick. Man hielt mich für einen Saboteur, der mit Lager 21 zu bestrafen war. Aber damals hatten die Deutschen noch Vertrauen in unsere Organisation, und die JOFTA-Führer versprachen, mich so zu bestrafen, wie es nötig war. Natürlich taten sie nichts dergleichen, und ich entkam dank ihrer Hilfe dem Lager 21.[27]

Als die JOFTA ankam, glaubten die Deutschen, wir seien Freiwillige. Die Uniform, das ganze Drumherum beeindruckte sie. Wir genossen viele Vorteile und wurden geachtet. Die Anführer spielten das Spiel mit und erhöhten die Zahl der Auftritte. Aber nach und nach bemerkten die Behörden, dass die JOFTA nicht besser war als die zivilen Franzosen und ihre Organisation nichts anderes als ein Täuschungsmanöver war. Im Oktober übrigens kehrt der JOFTA-Führer De Pontac, ein adliger Mann mit stattlichem Aussehen, der für die JOFTAs in KdF verantwortlich war, mit seinem Stellvertreter nach Frankreich zurück, angeblich um ein neues Kontingent Leute zu holen. Sie kamen nicht zurück. De Pontac ging nach England und kam mit der Armee von Leclerc nach Deutschland zurück. Andere Chefs folgten, einer immer ranghöher als sein Vorgänger. Im Gleichschritt wurde immer seltener marschiert, der Fahnengruß verschwand, und die Uniform trug

man nur noch, weil man nichts anderes hatte. Kurzum: Die JOFTAs traten wieder in die Ordnung ein und unterschieden sich nicht länger von den anderen Franzosen.
Dennoch spricht und träumt man von Urlaub. Ausweise werden im Werk ausgestellt. Eine erste Gruppe von 120 Leuten fährt nach Frankreich, 30 davon kommen zurück. Der Urlaub wird gestrichen, und wir müssen bis zum Ende des Krieges warten.[28]

November 1943 – Tage und Nächte voller Arbeit wechseln sich ab. Erik bringt mir bei, an den großen Fräsen zu arbeiten, sechs in einer Anlage der Marke „Pfauter". Jacques Le Franc, mein Arbeitskamerad, der im März gekommen ist, löst mich ab. Ich kann all die Knöpfe dieses Druckluftsystems noch nicht richtig bedienen. Ich mache eine falsche Bewegung, und sämtliche Zähne der Fräse fliegen durch die Gegend, einer nach dem anderen. Katastrophe! Was wird nun passieren? Le Franc läßt den Meister kommen, der den Schaden feststellt. Ich mache mich aufs Schlimmste gefasst: Anzeige an höchster Stelle wegen Sabotage und abermals Lager 21. Aber nichts passiert. Der Meister vertuscht die Sache. Danke, Herr Schmelzle! Danke Le Franc, mein Freund! Diese Fräsen waren sehr teuer und wertvoll, speziell für jeden Typ von Zahnrädern. Sie wurden regelmäßig zerlegt und geschliffen.

Am Freitag, den 5. November, brennt es in den Büros des Werkes. Die Ursache des Feuers kenne ich nicht, aber es bringt uns drei arbeitsfreie Tage ein.
Wir wurden für unsere Arbeit bezahlt. In Paris hatte man uns einen Vertrag für zwei Jahre und eine Lehrzeit von drei Monaten angekündigt. Doch nichts davon stimmte. Wir waren länger da. Im November 1943 bekam ich 260 Reichsmark brutto. Nach allen Abzügen blieben 141 Reichsmark netto, in dieser Zeit etwa 2 800 Francs. Pro Stunde gab es 76 Pfennig brutto. Jeden Monat überwies ich einen gewissen Betrag an meine Eltern, die keine Arbeit hatten und denen es an allem fehlte. Ich gab nicht viel aus: Einige Gläser Bier (alkoholfrei), Kino ab und an, zwei oder drei Bahnfahrten nach Braunschweig, das war so gut wie alles. Ich rauchte nicht und konnte meine Zigaretten gegen Brot tauschen.[29] Wir bekamen pro Monat 80 Zigaretten der Marken Rama oder Bregava, sehr leicht, die, glaube ich, in der Tschechoslowakei hergestellt wurden. Ein Päckchen mit 20 Zigaretten war auf dem Schwarzmarkt 20 Reichsmark wert.
In der Stadt konnten wir nichts ohne Karten kaufen, aber wir hatten keine Karten. Es gab nur Salz und ein wenig Briefpapier. Manchmal bekamen wir ein halbes Kilo Zucker und Marken für 800 Gramm Weißbrot, mit denen wir uns in Braunschweig oder Oebisfelde Kuchen kaufen konnten.

Volkswagenwerk GmbH.	Monat	* siehe Erklärung für Sonstiges	Arb.-Tage	Stunden	Lohn	Prämie Erz.-B.	Überstd.-Zuschl.	Brutto-Lohn	Trenn.-Entsch.	Lohnsteuer
Fr. 6- 125 -,86 6-125 Daudet Jean I	DEZ 44.		26	286,50	246,39	12,31	34,40	293,00		33,80

Dezember 1943 – Es gibt immer weniger zu essen. Vorbei die guten Mahlzeiten vom August. Die Qualität läßt nach und die Menge auch. Im November haben wir nur noch dreimal die Woche Kartoffeln. Im Dezember zweimal. Statt dessen gibt es eine Suppe, die immer dünner wird. Nach und nach ersetzen Steckrüben die Kartoffeln in der Suppe. Es läuft das Gerücht um, die Knappheit sei von den Russen verursacht, die Kartoffeln aus den Lagern stehlen, sei es, um sie zu essen, sei es, um Wodka zu brennen. Man sagt auch, dass die Russen nachts aus den in Reparatur befindlichen Flugzeugen Benzin stehlen und es destillieren, um daraus trinkbaren Alkohol zu gewinnen. Wahr ist jedenfalls, dass sie Platten aus Buna, synthetisches Gummi, entdecken, die sie uns sehr teuer verkaufen, damit wir die Sohlen unserer Schuhe reparieren können. Das Paar Schuhe, das wir bei der Abfahrt von der JOFTA bekommen haben, ist schon sehr abgenutzt. Wir tragen sie nur noch am Sonntag. Im September habe ich mir im Werk ein Paar „Holzschuhe“ (Schuhe aus Holz mit einem Schaft aus Stoff) für 10 Reichsmark gekauft, aber ich brauche beinahe jeden Monat neue, und es ist gar nicht so leicht, welche zu bekommen. Die Socken sind zerschlissen, und wir ersetzen sie durch dünne Lappen, die wir „russische Socken“ nennen.
Briefe und Pakete kommen immer noch regelmäßig. Sie sind ein Trost für Leib und Seele. Dadurch haben wir noch ein Band, das uns mit unserer Heimat und unseren Familien verbindet, und davon genieße ich jede Kleinigkeit.

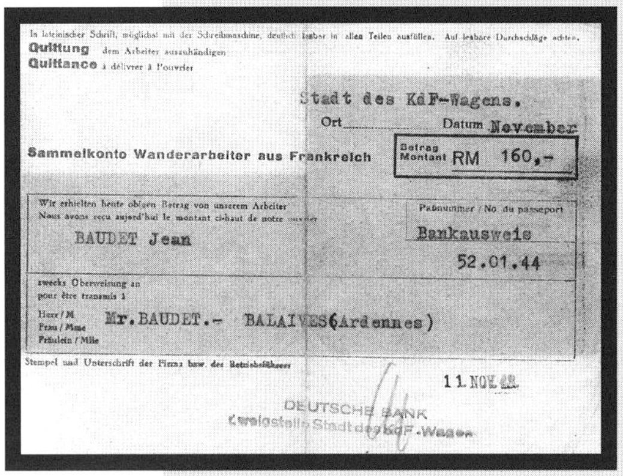

In lateinischer Schrift, möglichst mit der Schreibmaschine, deutlich lesbar in allen Teilen ausfüllen. Auf lesbare Durchschläge achten.
Quittung dem Arbeiter auszuhändigen
Quittance à délivrer à l'ouvrier

Stadt des KdF-Wagens.
Ort ______ Datum November

Sammelkonto Wanderarbeiter aus Frankreich

Betrag / Montant RM 160,-

Wir erhielten heute obigen Betrag von unserem Arbeiter
Nous avons reçu aujourd'hui le montant ci-haut de notre ouvrier
BAUDET Jean

Paßnummer / No du passeport
Bankausweis
52.01.44

zwecks Überweisung an
pour être transmis à
Herr / M
Frau / Mme
Fräulein / Mlle
Mr. BAUDET.- BALAIVES (Ardennes)

Stempel und Unterschrift der Firma bzw. des Betriebsführers

11 NOV 43

DEUTSCHE BANK
Zweigstelle Stadt des KdF-Wagen

Überweisungsquittung
(11. Nov. 1943)

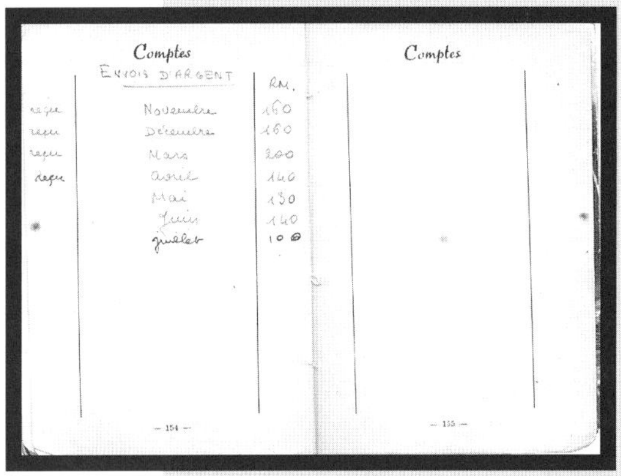

Comptes

ENVOIS D'ARGENT

		RM.
reçu	Novembre	160
reçu	Décembre	160
reçu	Mars	200
reçu	Avril	140
	Mai	130
	Juin	140
	Juillet	100

— 154 —

Comptes

— 155 —

Liste der Geldüberweisungen an die Familie
(Nov. 1943 – Juli 1944)

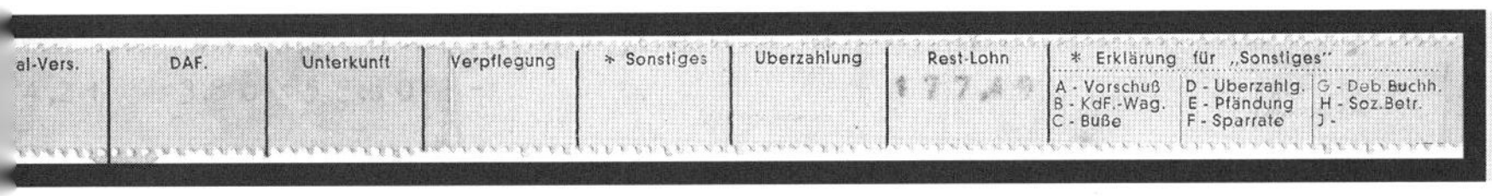

…al-Vers.	DAF.	Unterkunft	Verpflegung	* Sonstiges	Überzahlung	Rest-Lohn
						177,4[illegible]

* Erklärung für „Sonstiges“
A - Vorschuß / B - KdF.-Wag. / C - Buße
D - Überzahlg. / E - Pfändung / F - Sparrate
G - Deb.Buchh. / H - Soz.Betr. / J -

Lohnstreifen Dez. 1944

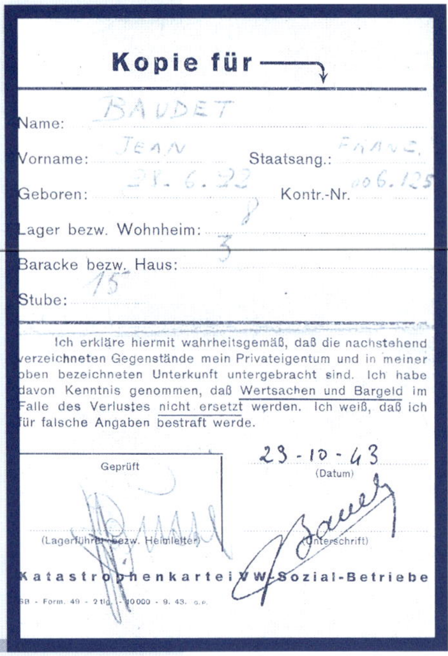

Kopie für →

Name: BAUDET
Vorname: JEAN Staatsang.: FRANÇ.
Geboren: 28. 6. 22 Kontr.-Nr. 006.125
Lager bezw. Wohnheim: 8
Baracke bezw. Haus: 3
Stube: 15

Ich erkläre hiermit wahrheitsgemäß, daß die nachstehend verzeichneten Gegenstände mein Privateigentum und in meiner oben bezeichneten Unterkunft untergebracht sind. Ich habe davon Kenntnis genommen, daß Wertsachen und Bargeld im Falle des Verlustes nicht ersetzt werden. Ich weiß, daß ich für falsche Angaben bestraft werde.

23-10-43
(Datum)

Geprüft

(Lagerführer bezw. Heimleiter) (Unterschrift)

Katastrophenkartei VW-Sozial-Betriebe

SB - Form. 49 - 2 tlg. - 10000 - 9. 43. o.e.

Inventar der persönlichen Dinge in der Baracke 8/15 (Okt. 1943)

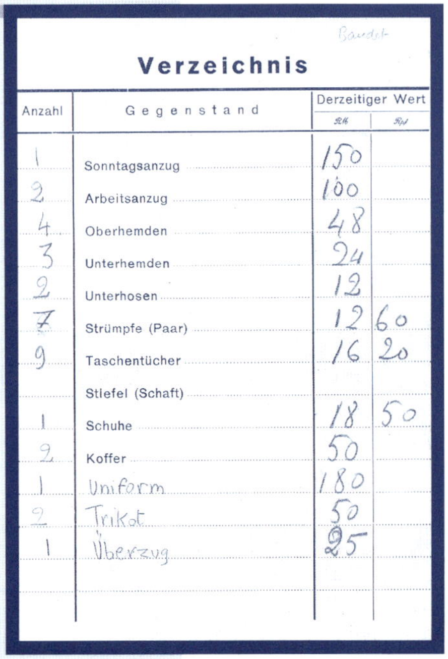

Baudet

Verzeichnis

Anzahl	Gegenstand	Derzeitiger Wert RM	Rpf
1	Sonntagsanzug	150	
2	Arbeitsanzug	100	
4	Oberhemden	48	
3	Unterhemden	24	
2	Unterhosen	12	
7	Strümpfe (Paar)	12	60
9	Taschentücher	16	20
	Stiefel (Schaft)		
1	Schuhe	18	50
2	Koffer	50	
1	Uniform	180	
2	Trikot	50	
1	Überzug	25	

Alarm, immer öfter Alarm, vor allem nachts. Gegen Mitternacht sieht man dauernd auf die Uhr und wartet auf die Sirene und die tägliche kleine Pause. Wenn wir Tagschicht haben, stehen wir nicht auf und schlafen weiter, es sei denn der Lagerführer zwingt uns dazu. Was haben wir zu befürchten, so denken wir. Das VW-Werk wurde mit amerikanischem Kapital gebaut.[30] Die besten Ingenieure aus Milwaukee, die aus Deutschland stammen, sind hier. Sie können diese Fabrik nicht bombardieren!

An jedem Arbeitstag morgens um 5.00 Uhr werden wir durch die donnernde Stimme unseres Lagerführers geweckt: „Aufstehen! Fünf Uhr! Los!" Wir nennen ihn „Helgoland" oder auch „Klößchen". Er ist klein, dick und dreckig. Mit ihm ist nicht gut Kirschen essen. Am besten, man hat nichts mit ihm zu tun. Eines Abends trifft er mich zufällig auf einer Straße des Lagers, zitiert mich in sein Büro, beschimpft mich lautstark und schlägt mich mit seinem Gummiknüppel, vielleicht einfach nur, um seine Macht zu behaupten und mich diese Macht anerkennen zu lassen. Wir mögen ihn nicht besonders und fürchten ihn. Oft kommt er in die Zimmer, läßt die Schränke öffnen, kontrolliert alles, findet aber nie etwas außer mal eine elektrische Kochplatte, deren Besitz verboten ist.

Wir schlafen auf einem Strohsack. Nach einigen Monaten ist das Stroh zu Staub zerfallen, der auf den armen Kameraden rieselt, der unten schläft. Zweimal bringt man uns Stroh auf den Platz, und wir tauschen unseren Staub gegen gutes, frisches Stroh aus.

Südansicht des Kraftwerks (April 1945)

Jeden Monat müssen wir unsere Kleider und Decken zusammenpacken. Sie werden in einem speziellen Raum desinfiziert. Ganz nackt werden wir in einem anderen Raum desinfiziert.

Am Abend nach der Arbeit finden wir in unserem Zimmer immer wieder einen Schwefeldunst vor, der uns in den Augen brennt. Das Bett, die Kleidung und selbst die Nahrungsvorräte riechen danach. Das Zimmer wurde mal wieder desinfiziert.

Weihnachten rückt näher. Wir denken mit Sehnsucht daran. Es ist ein Fest der Familie, aber wir werden weit weg sein. Die Deutschen bereiten sich vor. Überall sieht man Christbäume, und man spricht von nichts anderem mehr. Wir bekommen zu Weihnachten 2 1/2 Tage frei. Das ist sensationell! Aber wir müssen die Zeit vorher und nachher einarbeiten. Aber, was soll's! Wir erhalten Karten für Weißbrot und fahren mit einem Kumpel sogar nach Oebisfelde, um für unser Zimmer einen Vorrat an Kuchen zu kaufen.

Am Heiligen Abend findet um Mitternacht ein Gottesdienst in einer kleinen Kirche, ich glaube, in Vorsfelde statt. Danach feiern wir unter uns. Jeder trägt aus seinen Reserven etwas zu einem guten, gemeinsamen Essen bei. Schließlich wird gelacht und gesungen. Wir versuchen, eine familiäre Atmosphäre zu schaffen, und es gelingt uns. Die Zimmergenossen, das ist unsere neue Familie. Man fühlt sich verbunden, man stützt sich gegenseitig, man hilft einander. Wer mehr Pakete erhält, teilt mit denen, die nichts haben. Es ist eine außergewöhnliche Solidarität. Wir träumen davon, dass sie auch nach dem Krieg fortbesteht, wenn wir nach Frankreich zurückgekehrt sein werden.

Am 1. Weihnachtstag wieder Essen, Lachen, Freude. Wir fühlen uns wohl unter uns. Am Neujahrstag das gleiche Bild. Bei dieser Gelegenheit erhalten wir, und zwar jeder, eine Neujahrskarte mit den besten Wünschen des Werkleiters. Welch eine feinsinnige Geste!

Januar 1944 – Es ist Winter, aber wir frieren nicht. Die Fabrik ist geheizt, und wir bekommen einen Eimer Kohle pro Tag und Zimmer. So können wir abends, wenn wir von der Arbeit kommen, das Zimmer wieder aufheizen.

Die Verpflegung wird noch knapper. Dieses Problem beginnt, uns auf die Stimmung zu schlagen. Aber was soll man von den Arbeitern aus anderen Gruppen sagen? Mittags gehen wir noch in die Werkskantine. Wenn wir die Treppe hinaufsteigen, sehen wir, dass die Russen eine oder zwei Kellen dünne Suppe erhalten, die sehr oft säuerlich ist. Der Geruch steigt uns in die Nase. Noch schlimmer geht es den Italienern. Wenn wir Pellkartoffeln haben, schälen wir sie. Am Ende der Mahlzeit kommen einige Italiener in zerlumpten Uniformen, trotzen den Verboten, nehmen die Schläge des Werkschutzes, der den Eingang bewacht, in Kauf, holen sich unsere Kartoffelschalen und machen sich davon, so schnell sie können.

Seit der Kapitulation des Generals Badoglio vor den Alliierten haben die Deutschen die italienischen Soldaten zu Kriegsgefangenen erklärt. Sie betrachten jene als Verräter. Sie werden am schlechtesten behandelt.[31] Es gibt nämlich verschiedene Kategorien von Fremdarbeitern wie die Kasten in Indien. Die Flamen sind die Angesehensten. Sie sprechen Deutsch und sind häufig dem „Dritten Reich" wohlgesonnen. Dann kommen die anderen: Belgier, Holländer, Franzosen und Dänen. Danach die Männer und Frauen aus Polen, die ein „P" auf der Kleidung tragen. Sie gelten schon weniger. Dann kommen die Russen, meist aus der Ukraine, Männer und Frauen, Kolchosebauern. Sie tragen ein „OST" auf ihren schäbigen Kleidern, die sie von der deutschen Verwaltung bekommen. Sie sind die zahlenmäßig größte Gruppe und werden in Sonderlagern eingepfercht, die sie nicht verlassen dürfen. Sie gehen in Reihen ins Werk, bewacht von eigenen Landsleuten, die aber oft noch schrecklicher sind als der Werkschutz. Dann kommen die russischen Kriegsgefangenen, meist in ihrer ursprünglichen Uniform mit einem großen, auf den Rücken gemalten „KG". Sie sind in einem Speziallager. Und schließlich, ganz am Ende der Skala, die italienischen Kriegsgefangenen. Sie verrichten die härtesten Arbeiten und werden sehr schlecht ernährt.

Februar 1944 – Trotz des Winters und unserer leichten Kleidung erhalten wir, um uns gegen Regen und Kälte zu schützen, nur eine Art von Parka aus steifem Segeltuch und ohne Futter, dennoch sind wir nicht an Grippe erkrankt. Dabei hätte ich mir gern für ein paar Tage eine kleine Grippe mit Fieber eingefangen, um einmal ins Krankenrevier zu kommen. Denn als krank galt man nur, wenn man Fieber hatte. Nur in diesem Fall kam man ins Krankenrevier.

Sobald das Fieber gesunken war, ging es wieder an die Arbeit. So ist einmal ein Zimmergenosse die ganze Nacht hindurch krank und erbricht sich mehrfach. Er ist völlig kraftlos und am nächsten Morgen geht er nicht zur Arbeit. Aber er hat kein Fieber, und abends holen sie ihn und bringen ihn für eine Nacht ins Gefängnis.

Wenn die Mehrzahl der Franzosen jeden Tag regelmäßig zur Arbeit geht, dann keineswegs aus Liebe zur Arbeit, oder um Geld zu verdienen, sondern aus Angst vor Repressalien, aus Angst erwischt zu werden und als Saboteur ins Lager 21 zu kommen.

Dennoch trotzt eine kleine Gruppe, vor allem bei den Zivilen mehr als bei den JOFTA-Angehörigen, allen Gefahren. Es gelingt ihnen, die Arbeit zu schwänzen oder sogar überhaupt nicht mehr hinzugehen. Man nennt sie „die Männer vom TAC".[32] Die Besten von ihnen erhalten den Titel „König" oder „Kaiser" des TAC. Sie geben sich als Nachtschicht aus oder besorgen sich Atteste im Krankenrevier. Letztlich wollen sie erreichen, dass ihr Meister sie vergisst. Einige haben es tatsächlich geschafft. Eine andere Methode besteht darin, sich willentlich zu verletzen, die Wunde nicht ausheilen zu lassen oder sogar durch Lötpaste zu verschlimmern. Erst im Jahr 1945 sind die Behörden hinter diesen Trick gekommen.

Ich glaube nicht, dass diese „Helden" – sie wurden von den Arbeitern bewundert – aus Patriotismus gehandelt haben. Vielmehr hatten sie keine Lust zur Arbeit, und es war wie ein Spiel, um ihren Kameraden ein wenig zu imponieren.

März 1944 – Die Arbeit wird mehr und mehr zur Gewohnheit. Wir arbeiten 12 Stunden in der Nacht wie auch am Tag. Die Verpflegungsrationen nehmen ab, aber wir erhalten eine ordentliche Zusatzration, wenn wir 12 Stunden arbeiten, von 6.30 Uhr bis 18.30 Uhr oder von 18.30 Uhr bis 6.30 Uhr. Hier die normale Kost: Nichts am Morgen, eine Suppe mit Nudeln, Kartoffeln oder Steckrüben am Mittag, eine kleine Portion Margarine und Aufschnitt am Abend. Pro Woche erhalten wir zwei Brote. Zum Glück kommen immer noch Pakete von unseren Familien.[33] Dagegen wird die Post eingeschränkt. Ab Februar dürfen wir nur noch zweimal im Monat Briefe schreiben, jeweils nur ein Blatt Papier. Aber wir können Postkarten nach einem bestimmten Verfahren versenden. Gegen Ende März ist die Post in beiden Richtungen völlig blockiert. Aber nach sechs Wochen ist der Weg wieder frei.

Noch kann man in wichtigen Fällen Sonderurlaub bekommen: bei Tod, Geburt oder schweren Kriegsverletzungen eines nahen Verwandten. Aber solche Sondergenehmigungen sind äußerst selten.

In dieser Zeit ist die Stimmung auf einem Tiefpunkt. Wir bekommen dieselben Informationen über die Kriegsereignisse wie die Deutschen. Sie sind gefiltert durch die Propaganda von Goebbels, d. h. sie sind stets optimistisch für das „Reich", also pessimistisch für uns.

Einige hören heimlich englischen Rundfunk und verbreiten die neuesten Nachrichten. Gern würden wir diesen Nachrichten Glauben schenken, doch wir bleiben skeptisch und sprechen dann von einer „Ente". Ja, sogar wir waren von der Nazipropaganda beeinflusst.

Ich erinnere mich, dass ich einmal – es war im Verlauf einer Woche mit Tagschicht – zur Toilette gehe und einen Blick aus dem Fenster werfe, um ein bißchen Tageslicht und Natur zu sehen. Ich habe das tiefe Gefühl, meine Familie und mein Land nie mehr wiederzusehen und mein Leben in Deutschland zu beschließen, als Sklave des NS-Regimes.

Ein Beispiel für eine „Ente": Man teilt uns mit, dass eine Ablösung für Juli – August 1944 vorgesehen ist. Am 25. März kündigt man uns die Ankunft eines neuen Kontingents von 750 – 1 000 JOFTAs an, am 22. April nur noch 200 – 400 JOFTAs. Aber niemand ist gekommen. Schon im Februar verspricht man uns, jeden Monat dürften einige von uns Urlaub nehmen, doch sobald nur ein einziger nicht zurückkommt, werden Urlaub und Ablösung gestrichen. Ich habe nicht einmal gehört, dass ein Kamerad fahren konnte.

Ich schaffe es, bei einem Deutschen ein Paket Rama gegen fünf Pfund alte Kartoffeln zu tauschen. Welch eine Freude! Wenn man bedenkt, dass es Kartoffeln nur auf Lebensmittelmarken und nur für Deutsche gibt. Aber das ist normal: Es gibt eine höhere Rasse, die Herren, und es gibt die anderen, alle anderen! Überall in der Fabrik tragen die Türen der Kantinen, Toiletten oder Umkleideräume ein Schild: „Nur für Deutsche" oder ein anderes: „Nur für Ausländer". Man darf sich nicht täuschen.

Dennoch können wir in die Cianetti-Halle gehen, um mit den Deutschen einen Film anzusehen, und stehen mit ihnen in einer Schlange, um Eintrittskarten zu kaufen. Am Sonntag besuche ich gelegentlich die Messe, da gibt es keine Probleme.

Ich erinnere mich, dass am Sonntagmorgen des 19. März etwas ganz Ungewöhnliches passierte: Ich hatte in der Stadt ein Plakat gesehen, das einen Vortrag über deutsche Musik im Schloss von Wolfsburg ankündigte. Wir, ein Kamerad und ich, beschließen, dorthin zu gehen. Wir ziehen unsere Uniform an, polierte Schuhe, weiße Gamaschen, die Mütze auf dem Ohr, so zeigen wir uns im Schloss. Wir sind die einzigen Franzosen. Aber ich will lieber die Kopie eines Briefes beilegen, den ich an meine Eltern über diesen Tag geschrieben habe. Dieser Tag war für mich ein Sonnenstrahl in der grauen Eintönigkeit des Alltags.[34]

Sport, Kino, Theater, das „Orchestre France" mit einem Bier am Sonntagnachmittag, das sind Stunden der Muße, aber was uns in diesen beiden Jahren sehr fehlt, ist das Liebesleben. Mit 20 oder 22 Jahren hat man große Lust, eine Freundin zu finden oder mit einem Mädchen auszugehen. Aber das war ein Vergnügen, das für die meisten von uns praktisch nicht zu haben war. Wir waren gewarnt: Bei einer Beziehung mit einer deutschen Frau musste man mit sieben Jahren Gefängnis oder Straflager rechnen. Nur wenige missachteten dieses Verbot. Und dennoch: Die Sekretärin meines Meisters schien in mich verliebt zu sein. Ab und zu gab sie mir eine Flasche Milch. Aber sie war dick und nicht besonders hübsch.

Zehn Meter von meiner Maschine entfernt lag das verglaste Büro des Ingenieurs, Leiter der Mechanischen, Herrn Fürlinger, ein schöner Mann in Stiefeln mit Filzhut und Parteiabzeichen im Knopfloch. Er hatte eine junge Sekretärin, die einen grauen Kittel trug, natürlich eine Deutsche. Ihr Büro lag meiner Maschine gegenüber. Im Laufe des Tages kreuzten sich unsere Blicke. Sie war süß. Unsere Blicke kreuzten sich immer öfter. Wir gingen sogar soweit, ein Lächeln nur anzudeuten. Unser Lächeln sprach Bände. Doch dabei blieb es, da wir beide Angst hatten, denunziert und bestraft zu werden.

Abgesehen von einigen Deutschen, die alle in Büros waren, befanden sich dort einige polnische Frauen, meistens ziemlich hübsch. Manche Kameraden hatten ein Abenteuer, aber dafür musste man zusammenarbeiten. Es bleiben die russischen Frauen, oder besser: die Frauen aus der Ukraine. Es gab sehr viele, und einige von ihnen waren ziemlich hübsch.

Schloss Wolfsburg

Man konnte bei der Arbeit mit ihnen in Berührung kommen, aber abends kehrten sie in ihre Lager zurück. Sie wurden eingesperrt. Etliche Kameraden fanden eine Lösung für dieses Problem, aber höchst selten. Außerdem waren diese Mädchen sehr prüde und ernsthaft. Es war nicht leicht, sie zu verführen. Wenn ein junger Bursche ihnen eine Anzüglichkeit sagte, schrien sie „Zarraza!“ (Schwein, Ekel) und spuckten auf den Boden.

Leichter, wenn auch sehr eingeschränkt, waren die Beziehungen später im Lager „Kaffee“. Unsere Baracken lagen neben denen der Mädchen. Doch diese Mädchen verstanden es, ihre Würde zu wahren.

Im Gegensatz dazu gab es unter den 1 400 Franzosen zwei Frauen aus Paris, die freiwillig in Deutschland waren, um Geld zu verdienen. Aber auch sie waren nicht leicht zu haben. Die eine, Christiane, eine kleine rothaarige Frau, arbeitete 20 Meter entfernt von mir und kontrollierte Zahnräder, immer in Tagschicht. Wenn ich zur Toilette ging, kam ich bei ihr vorbei, und wir wechselten ein paar Worte. Ganz schnell wurden wir Freunde. Sie schrieb mir liebe, kleine Grüße auf eine Kontrollkarte, die ich während der Nachtschicht fand. Ich antwortete ihr auf die gleiche Art und Weise. Sie wollte mir die Blumensprache beibringen, was sehr romantisch war. Ich wäre nur allzu gern am Sonntag einmal mit ihr ausgegangen, aber sie lehnte immer ab. Sie war sehr unsicher. Doch eines Tages verabredeten wir uns. Wir gingen an einem schönen Nachmittag an den Teichen spazieren. Es war einfach nur ein Flirt, aber wir fühlten uns gut. Es wurde Abend, als ich sie zu ihrer Baracke brachte, die in der Nähe des Krankenhauses lag. Der Lagerführer dieses Lagers erwartete uns am Eingang. Sie verschwand in ihrem Zimmer. Er zog seine Waffe und setzte sie mir auf die Brust. Dabei stellte er seinen Stiefel auf meinen Fuß und trat fest zu. Er verlangte meinen Ausweis und brüllte lauter Sachen, die ich nicht verstand. Ich hatte wahnsinnige Angst, antwortete aber auf Deutsch. Da schrie er: „Zurück! Los! Mensch!" und jagte mich davon. Niemals mehr bin ich so um mein Leben gelaufen. Das also war unser Liebesleben.

April 1944 – Immer häufiger gibt es Alarm, am Tag wie auch nachts. Am Tag sehen wir über unseren Köpfen Flugzeuggeschwader in Richtung Berlin vorüberfliegen. Es ist sehr beeindruckend. Wir aber glauben, dass wir niemals angegriffen werden. Also haben wir keine Angst. Dennoch feuert die „Flak", die die Stadt verteidigt, immer wieder. Splitter prasseln auf das Dach unserer Baracke wie Hagel bei Gewitter. Zufällig sah ich eine leichte, vierrohrige Kanone, die Granaten wie ein Maschinengewehr abschoß und von Jungen bedient wurde, die etwa 15 Jahre alt waren.
Im Frühling 1944 sah man übrigens, wie kleine Jungen der Hitlerjugend am Sonntagmorgen mit Holzgewehren Übungen machten. Sie waren 12 oder 13 Jahre alt und wurden von einem Gleichaltrigen kommandiert, der seine Befehle genauso gut brüllte wie ein Feldwebel der Wehrmacht.
Am 29. April wird im Laufe eines Luftkampfes ein amerikanischer Bomber getroffen. Man sagte mir, dass er – im Wissen verloren zu sein – eine große Kurve zog und brennend heranflog, um absichtlich auf dem Werk zu zerschellen, auf dem Presswerk.
Ab Anfang April überstürzen sich die Ereignisse. Wir stehen vor unserer schwierigsten Zeit in KdF. Das ist der Augenblick, als ich mich entschließe, die bedeutsamsten Momente unseres Lebens aufzuschreiben, umso mehr, weil es schwierig ist und bald unmöglich sein wird, den Eltern zu schreiben.

Periode II:
Herbst (April 1944 – August 1944)

Samstag, 8. April 1944 – Erste Bombardierung des Werkes am Tage. Viele Brandbomben, Bomben auf das russische Lager und die Bahnstrecke. Wir löschen brennende Büros. Ziemlich aufregend!

Sonntag, 9. April 1944 – Ostersonntag. Strahlendes Wetter. Messe um 11.00 Uhr. Nachmittags Fußballspiel in Pfelk [d.i. Velpke] gegen die französischen Kriegsgefangenen. Imbiss von ihnen. Da wir den Zug verpasst haben, gehen wir in der untergehenden Sonne zu Fuß durch den Wald zurück. Wunderschöne Momente.

10. April 1944 – Ruhetag. Nichtstun und gutes Essen aus unseren Paketen.

13. April 1944 – Woche mit Nachtschicht. Täglich um 14.00 Uhr Alarm. Wir bringen die Koffer in die Schutzräume, wenn wir im Lager sind, ganz gegen unsere Gewohnheit.

Sonntag, 16. April – Spaziergang nach Mörse, vorher Arbeit bis Mittag. Der Wald riecht gut nach Blumen und Frühling. Wir entdecken antifranzösische Plakate. Abends eine Varieté-Vorstellung in der Cianetti, Jongleure, Clowns, Akrobaten, einige wirklich ausgezeichnet. Wir gehen glücklich Schlafen.

18. April 1944 – Ich bekomme das Paket vom 1. April. Das ist ein Rekord, nur immer noch kein Brief seit einem Monat. Zwei Stunden Alarm. Versammlung der Schüler: Man spricht darüber, Deutschkurse zu veranstalten.
Man erzählt, dass in Pfelk [d.i. Velpke] amerikanische Piloten gefangengenommen wurden und die Schwarzen unter ihnen an den Apfelbäumen aufgehängt wurden.[35]

20. April – Hitlers Geburtstag. Man spricht von einer Landung der Alliierten. Man spricht auch von einem großen deutschen Militärschlag. Die Sonne scheint warm durch die Hakenkreuzfahnen.
Man sagt, der Anführer der JOFTA, Fitt, sei von der Gestapo verhaftet worden und Lallemand (Freiwilliger in Deutschland) sei nach Frankreich gegangen. Was ist wahr daran?[36]

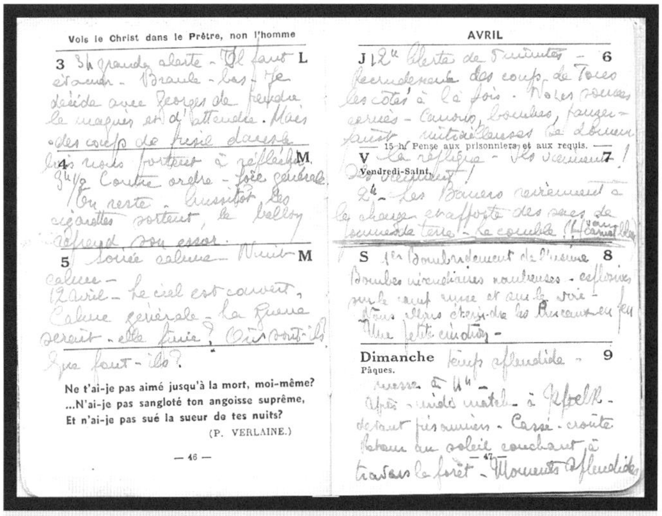

Doppelseite des Tagebuchs (April 1944)

22. April 1944 – Fitt ist nicht ins Lager zurückgekehrt. Wir stehlen Holz, zünden ein Feuer an und kochen uns Nudeln. Nudeln gibt es jetzt nur selten. Um 2.00 Uhr morgens wird Braunschweig mit Phosphorbomben bombardiert. Ein riesiger Brand. Den ganzen nächsten Tag konnte man die Sonne nicht sehen. Der Himmel ist voller Rauch. Es ist beinahe Nacht. Ab und zu fällt Papier vom Himmel.

Sonntag, 23. April – Spiel in Lüneburg (122 Kilometer). Abfahrt 5.00 Uhr morgens, Rückkehr 22.30 Uhr abends. 10:0 gewonnen. Schöne Fahrt durch Heide und Torfmoor. Historische Stadt mit Klinkerbauten und Kirchtürmen mit Kupferdächern.

24. April – Wohlverdiente Ruhe nach dem gestrigen Tag. Lektüre. Aber am Abend muss ich wieder in die Fabrik, die schon fast vergessen ist.

27. April – Die Nachtschicht diese Woche will kein Ende nehmen. Alarm am Tag. Überall sprießen die Knospen. Die japanischen Zieräpfel, die vor unseren Baracken wachsen, öffnen ihre rosa Blüten. Das ist das Erwachen, die schöne Zeit in der Natur, aber die Ereignisse bleiben finster. Es kursieren allerhand Gerüchte. Ich habe einen Füllfederhalter mit einer 14-karätigen Goldfeder für 50 Reichsmark erworben.
Nachts korrespondiere ich mit Christiane, einer sehr gefühlvollen jungen Französin, die Märchen liebt. Das ist mal was Neues.

Sonntag, 30. April – Ein normaler Arbeitstag. Nach der Nachtschicht koche ich den ganzen Tag. Gestern ein sehr schwerer Angriff. Luftkämpfe. Eine zweimotorige Maschine stürzt auf das Werk und verbrennt, Rauch, schwere Schäden. Es regnet. Wo ist der Frühling?
Dadurch habe ich nun Zeit, über meine Fahrt nach Lüneburg zu berichten. Abfahrt 5.00 Uhr, Rückkehr 22.30 Uhr nach einem 10:0 Sieg. Ich sah eine völlig platte Landschaft, durch die wir fuhren, die Lüneburger Heide. Braunes Heidekraut, hier und da Wacholderbüsche, Kiefernwälder und vor deren dunklem Grün Birken mit ihren schlanken weißen Stämmen. Manchmal flieht ein Reh oder ein Hase, wenn sie den Zug sehen. Einige Elstern lärmen in der Landschaft, die von reich verzweigten Bächen durchzogen ist. Wir durchfahren ein riesiges, braunes Torfmoor. Der schwarzbraune Boden hebt sich scharf von blauem Himmel ab. Stapel von Briketts, die zum Trocknen in der Sonne liegen. Das Torfstechen wird mit Dampfbaggern durchgeführt.
Lüneburg, eine historische Stadt, ist bemerkenswert durch die kupfernen Kirchturmdächer, Treppengiebel und Erker aus blanken Klinkern. Viele kleine Venedigs, freundlich gestaltet durch Trauerweiden.

Montag, 1. Mai – Frei! Fest im Lager mit Geschicklichkeitsrennen und Schatzsuche. Kameradschaftsabend mit Jazz. Wo aber sind die französischen Maiglöckchen?

2. Mai – Wir arbeiten wieder, immer gleich: im Werk, dann im Lager. Ich fange an, Tischtennis zu spielen. Im Werk schreibe ich, um die Zeit zu vertreiben, kurze Briefe mit Christiane, die in meiner Nähe arbeitet.

4. Mai – Heftiger Wind, Regen. Erste Briefe aus Frankreich kommen an.

Sonntag, 7. Mai – Kein Alarm in dieser Woche. Heute Fahrt nach Halberstadt (113 Kilometer).
Sieg mit 4:0. Den ganzen Tag im Zug. Landschaft wenig interessant, ziemlich platt: Wiesen, Wälder, Felder. Am Horizont der Harz, einige Windmühlen auf den Hügeln. Die Stadt ist ganz hübsch, alt, wenig lebendig. Immer wieder die Häuser mit vorkragenden Stockwerken, die im Braunschweiger Land häufig sind, aber keine Treppengiebel wie in Lüneburg. Alarm bei unserer Ankunft von 10.00 – 12.30 Uhr. Angenehme Rückfahrt im Zug. Die „Fräuleins“ dort sind wirklich sehr freundlich!

12. Mai – Woche mit Nachtschicht, ruhig wie immer. Kein Alarm. Bemerkenswert: Das Essen wird deutlich besser. Wir essen jetzt fast so wie die Deutschen. So am Dienstag: Kartoffeln, zwei Eier mit Senfsauce und Apfelkompott. Das Wetter wird ebenfalls besser, und ich denke an den Sommer.

Sonntag, 14. Mai – Voralarm und Alarm den ganzen Nachmittag, aber ohne Bedeutung. Ich werfe mein Nudelgericht herunter, das ich mit viel Liebe zubereitet hatte. Herrliches Wetter. Ich treffe Christiane, und wir gehen zusammen ins Kino. Schöner Sonntag!

16. Mai – Regenwetter. Ich gehe mit Christiane ins Kino, um „Tanz auf dem Vulkan“ zu sehen. Szenen mit Karl X. und Louis Philippe. Ein spannender Film! Schöner Abend mit einem romantischen Spaziergang im Licht der Sterne.

Donnerstag, 18. Mai – Ich bin überrascht, als ich „Himmelfahrt“ in meinem Kalender lese. Für mich ist es ein Donnerstag wie jeder andere, eher trübsinniger als andere. Gestern Training im Stadion. Alarm. Spaziergang in der Dämmerung mit Christiane bis Mitternacht. Schöner Abend mit Froschkonzert am Teich.

20. Mai – Arbeit bis 18.30 Uhr. Spaziergang zum Fest. Katzenjammer!

Sonntag, 21. Mai – Spiel Frankreich – Holland 1:0. Sehr hart. Begeistertes Publikum. Nachtschicht. Alarm am Morgen.

22. Mai – Letztes Briefchen von Christiane. Ich antworte ihr ausführlich. Einstündiger Alarm um 1.00 Uhr morgens. Etwas Ruhe tut gut!

23. Mai – Jeden Abend Alarm um Mitternacht und fast auch jeden Mittag. Welch ein Zufall! Wenn ich Nachtschicht habe, kann ich mittags sehen, wie die Flugzeuge vorbeifliegen. Der Himmel ist mehrere Minuten lang bedeckt mit großen Flugzeugen, die in Formation fliegen. Es sind Hunderte! Sie fliegen, um Berlin zu bombardieren. Wir haben keine Angst um uns. Man sagt, am Tage seien es Amerikaner, in der Nacht Engländer.

Sonntag, 28. Mai – Pfingsten – ah! Zwei freie Tage! Wir wollen versuchen, das Beste daraus zu machen. Spiel gegen Halberstadt bei sengender Hitze: 8:1. Am Abend Cabaret Montmartre.

29. Mai – Stimmung auf dem Nullpunkt. Es ist immer noch sehr heiß. Einsamer Spaziergang mit einem Schmöker. Sonnenbad. Jeden Tag lange Alarm.

30. Mai – Ich treffe Christiane wieder. Vorwürfe, dass sie mich an den Feiertagen nicht gesehen hat. Welch ein komisches Mädchen! Spaziergang am Abend. Glückliche Augenblicke, ein Wiedersehen voller Leidenschaft, aber ohne Folgen.

3. Juni – Mit dem Regen kehrt die schlechte Stimmung zurück. Welch eine verrückte Geschichte! Ich denke, es ist jetzt vorbei, aber wir sind uns deswegen nicht böse. Eine frühe Ernüchterung. Die Zeit vergeht seither schnell – seit zwei Wochen 11,5 Stunden Arbeit pro Tag. Zusätzliches Essen. Deutsche Verpflegung. Heute Abend „Soirée vom Montmartre" im Werk. Gut gelungen.

Sonntag, 4. Juni – Fahrt nach Stendhal. Erste Niederlage – 3:2. Hübsche Stadt voller Blumen, Grünflächen und hübscher Frauen aus Polen.

7. Juni – Woche mit Nachtschicht, insgesamt ruhig. Letzte Woche der Impfungen gegen Typhus. Man spricht oft von einer Landung der Engländer an der französischen Küste. Die „Enten" nehmen kein Ende.[37]

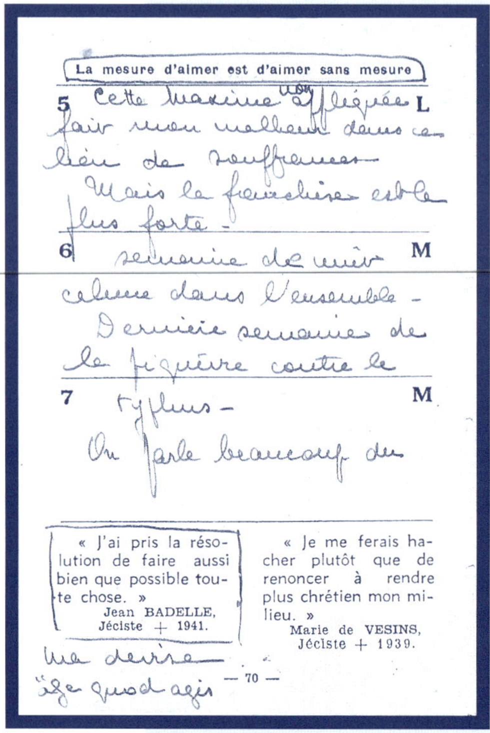
La mesure d'aimer est d'aimer sans mesure

5 Cette maxime [illegible] appliquée fait mon malheur dans ce lien de souffrance. Mais la franchise est la plus forte. L

6 semaine de nuit calme dans l'ensemble - Dernière semaine de la piqûre contre le M

7 typhus - On parle beaucoup du M

« J'ai pris la résolution de faire aussi bien que possible toute chose. » Jean BADELLE, Jéciste + 1941.

« Je me ferais hacher plutôt que de renoncer à rendre plus chrétien mon milieu. » Marie de VESINS, Jéciste + 1939.

Ma devise – Age quod agis

— 70 —

Tagebuch (Juni 1944)

Sonntag, 11. Juni – Gestern Spaziergang nach Braunschweig mit meinem Kumpel, dem „Prof". Prasselnder Regen. Völlig leere Juwelierläden. Abends Rendezvous. Verrückte und zärtliche Stunden trotz der Kälte. Wir entschließen uns beide, die Beziehung zu beenden getreu der Lebensregel auf der vorherigen Seite in meinem Taschenkalender: „Das Maß zu lieben ist zu lieben ohne Maß."

Sonntag, Spiel gegen die erste Mannschaft des V.W.W. Verloren 4:1. Wir erzielten das erste Tor. Völlige Erschöpfung. Wir müssen Schlaf nachholen. Wir sahen den Ball vor uns aufspringen, hatten aber nicht die Kraft, ein paar Meter zu laufen, um ihn anzunehmen.[38]

14. Juni – Ich arbeite jetzt im Untergeschoss, meine Maschinen wurden heruntergeschafft.[39] Kein Tageslicht, kein Mensch. Im Keller ist es ziemlich langweilig, die Tage werden lang, und düstere Gedanken greifen um sich. Ich habe mir eine Erkältung geholt, schaffe es aber nicht ins Krankenrevier. Weder Briefe noch Pakete diese Woche. Ich sollte nach Walsrode zum Fußballspiel, aber meine Kräfte erlauben es nicht. Ich gehe ins Kino, und der Zufall will, dass Christiane neben mir sitzt. Aber es passiert weiter nichts an diesem Abend. Eine arbeitsfreie Nacht wegen der Fahrt, auch wenn ich nicht mitgefahren bin. Das begrüße ich sehr, es reicht aber nicht bei meiner derzeitigen Müdigkeit.[40]

Dienstag, 20. Juni – Zweite Bombardierung des Werks. Ich war im Schutzraum des Lagers, hatte Nachtschicht. Fünf Wellen. Wie das Rollen von Steinen auf einem Blechdach, und dann knallt es. Wir liegen auf dem Boden und spüren eine Druckwelle um uns herum. Eine Bombe schlägt zehn Meter neben uns auf der Straße ein. Eine Baracke wurde an einer Seite zerstört, die 8/17 besonders, aber unser Zimmer ist zum Glück auf der anderen Seite. Eindrücke: keine große Angst. Ich bin mutiger, als ich dachte. Ich gebe Ratschläge und tröste die Kameraden im Schutzraum, denn einige geraten in Panik.
Ein kleines Zittern danach, aber in der Situation selbst stellen wir uns nur eine Frage: „Gilt uns das jetzt?" Ich glaube nicht daran, ich habe Vertrauen. So lernt man schließlich das Leben kennen und wird ein Mann.[41]

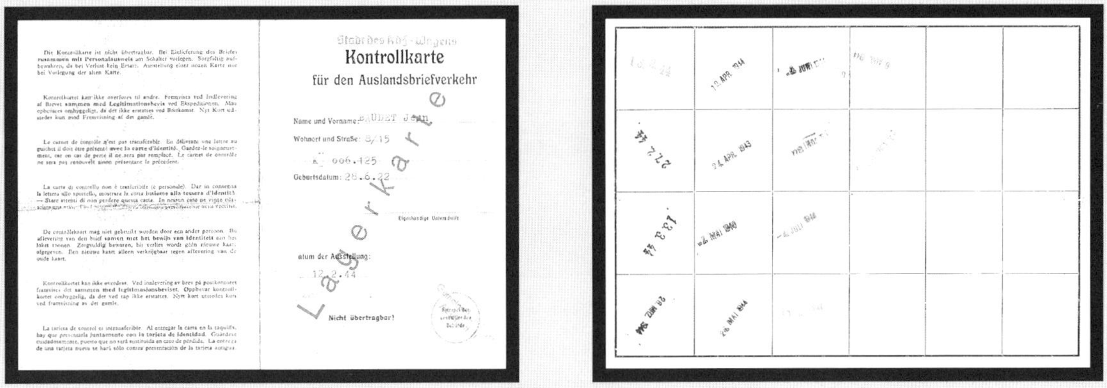
Kontrollkarte
für den Auslandsbriefverkehr

Name und Vorname:
Wohnort und Straße:
Geburtsdatum:
Datum der Ausstellung:
Lagerkarte
Nicht übertragbar!

Kontrollkarte für Auslandsbriefverkehr (Febr. 1944)

22. Juni – Mittwoch und Donnerstag Aufräumarbeiten im Werk. Man verlegt die Maschinen in das Untergeschoß. Leichte Bauarbeiten für eine Suppe. Alle Franzosen sollen zur Halle 3 kommen. Wir laufen überall herum. Kontrolle gleich Null. Donnerstag Arbeit von 5.00 Uhr bis 14.00 Uhr.

23. Juni – Wir bringen alle Maschinen der Mechanischen in den Keller. Wir machen uns dabei nicht kaputt, und es ist ein schönes Leben. Die Stechuhr hat Ruhe. Wir laufen überall umher und tun geschäftig. Mit Chauvineau besichtige ich das ganze Werk. Er schiebt eine leere Schubkarre, und ich habe eine Schaufel über der Schulter. Wir ziehen um ins Lager 7. Guter Lagerführer, gute Situation!

Sonntag, 25. Juni – Sonniger Tag. Strahlend. Morgens sehen wir „Jud Süß" in der Cianetti.[42]

27. Juni – Ich fange am Dienstagmorgen wieder an zu arbeiten. Schluss mit dem schönen Leben. Die Deutschen decken die unterirdischen Schutzräume mit dickem Blech ab. Aber die Ausländer sind ohne Bedeutung. Die SS und die bewaffnete Polizei machen ununterbrochen ihre Runden und haben keine Hemmungen, ihre Waffen zu benutzen. Es ist Belagerungszustand, und damit ist nicht zu spaßen. Bei dieser Bombardierung sind 520 Bomben im Bereich der Fabrik gefallen. Es gab einige Opfer in einem aufgerissenen Bunker.

Donnerstag, 29. Juni – Dritte Bombardierung um 9.20 Uhr. Dauer: sechs Minuten. Im Werk kaum Schäden außer im Flugzeugbau und im Presswerk. Viele Explosionen dicht beim Werk. Wellen von Brandbomben absichtlich auf die Felder. Leider verirrten sich einige in die Lager. Das Lager der französischen Kriegsgefangenen ist vollkommen ausgebrannt. Zwei Baracken in Lager 9. Jean Miquel, Merlin, Maillard (aus den Ardennen) und viele andere sind völlig ausgebombt. Ich gehe mit den Kameraden aus der 8/15 dorthin, um ihnen mit Wäsche und Nahrung zu helfen. Durch die Ruinen wie durch Atmosphäre und Gespräche sind unsere Gesichter vom Krieg gezeichnet. Das ist nicht schön, das ist traurig und oftmals schmerzlich. Einige arme Kerle haben nun überhaupt nichts mehr. Auf der Haut tragen sie nur noch eine Jacke, blaue Arbeitshosen und löchrige Leinenschuhe wie Miquel. Andere haben sogar ihre Papiere verloren. Viele Männer aus den Ardennen sind ausgebombt. Man zählt 200 Zivile. Ihnen wird geholfen durch die Belegung eines Zimmers mit drei Personen. Ein Bunker wurde aufgerissen: Es gab sieben russische Opfer, so glaube ich.

1. Juli – Ein Tag voller Arbeit bis 8.00 Uhr morgens. Danach Spaziergang mit Chauvineau und Mittagsschlaf bei Guilbert (Guilbert arbeitet in einem sehr ruhigen Ersatzteil-Lager). Die Deutschen haben Schnaps bekommen. Sie sind ein wenig betrunken und grölen laut herum.

Sonntag, 2. Juli – Faulenzen in der Sonne. Es ist wenig los.

3. Juli – Ich arbeite wieder an meinen Maschinen. Das fällt mir ziemlich schwer, und es ist heiß. Selten ist nun Alarm, zum Glück. Man organisiert die Arbeit im Werk wieder, aber es gibt immer noch viele „TAC"! Am Samstag war fast die Hälfte der Franzosen am Kanalufer oder im Wald. Bei dem strahlenden Wetter ist die Versuchung ja auch groß!

6. Juli – Aber ja, auch ich bin auf den Geschmack gekommen und gehe heute morgen nicht zur Arbeit. Bis zum Mittag bastle ich in der Baracke herum und bin weg in den Wald zum Lesen.

7. Juli – Heute mache ich es noch einmal. Es ist toll. Alarm wie gestern. Nachmittags bade ich und sonne mich am Kanal. Über so einen unerlaubt freien Tag könnte man Romane schreiben! Was man alles vorhat, die Angst erwischt zu werden, die Alarme, das auf der Lauer Liegen, das Versteckspiel mit dem Lagerführer, denn wenn man geschnappt wird, bedeutet es mindestens Lager 18. Samstag dasselbe mit Bad im Teich.
Wir verstehen die Deutschen nicht: Keinerlei Reaktion auf unser Fernbleiben. Entweder sind sie überfordert oder wissen nicht, was sie mit uns anfangen sollen. Natürlich bekommen wir nichts zu essen und müssen von unseren Vorräten leben.

Sonntag, 9. Juli – Kein Alarm. Trübes Wetter, der Tag auch. Verdruß macht sich bei mir breit, immer derselbe. Wie dumm von mir, immer daran zu denken! Aber das ist wohl psychologisch begründet: Die Frau hält sich bedeckt, zieht sich zurück und scheint, nicht zu erobern zu sein. Der Mann geht auf das Spiel ein und will sie um jeden Preis haben. Das ist ein menschliches Gesetz!

11. Juli – Ich arbeite wieder. Ruhige Arbeit. Einen Meister bekomme ich nicht zu Gesicht. Die Disziplin ist ziemlich lasch bei den Fußwegen durch das Werk, beim Herausgehen oder in der Kantine. Ich gehe zum Beispiel um 5.45 Uhr in Halle 18, um das Frühstück abzuholen. Ein Polizist, der die Schlange beaufsichtigt, sagt keinen Ton. Wo sind die Zeiten geblieben, als die Sekunden gezählt wurden?
Ich bastle an meiner Maschine (Erkennungsmarke, Ring). Viele Franzosen fahren täglich in verschiedene Richtungen. Ich bemerke eine junge, reizende Polin, die oft durch meinen Bereich geht.

15. Juli – Normales Wochenende. Mehrmals Alarm in der Nacht, was unseren Schlaf verkürzt, denn wir gehen jetzt in die Schutzräume. Keine Milch mehr morgens („Nur für Deutsche"),[43] dasselbe gilt für die Toiletten, überhaupt für alles. Diese Herren stehen nicht in einer Schlange. Das ist die höhere Rasse! Die anderen sind Sklaven.[44]

Sonntag, 16. Juli – Fußballspiel in Helmstedt. 2 : 0. In der 2. Halbzeit platzte der Ball. Waldreiche Harzlandschaft. Treffen im Zug mit einem Feldwebel Typ „Swing" in Frisur und Denkweise.[45] Ein Moderner, überhaupt nicht „deutsch". Jazz, amerikanische Zigaretten, Französinnen, das interessiert ihn sehr. Illusionen über den Krieg macht er sich nicht. Christiane ist krank. Ich schicke ihr ein Päckchen. Mit den Verlassenen soll man Mitleid haben und durch die Geste der Nächstenliebe versucht man, sich für ein ausbleibendes Zeichen starker Zuneigung zu entschuldigen.

18. Juli – Alarm jede Nacht und oft auch am Tag. Wir sind nicht mehr so unbekümmert wie zuvor, und die Koffer gehen mit in die Schutzräume.

20. Juli – Jede Nacht Alarm um etwa 2.00 Uhr. Ich habe es mir zur Gewohnheit gemacht, mit Auger und Guilbert aufzustehen. Jedesmal umsonst, aber es ist mir recht so. Das Wetter ist scheußlich: kalt, warm, Regen, Sonne, Nebel, und ich bin erkältet. Noch immer sind die „TAC" sehr zahlreich, und heute morgen gab es wieder eine Razzia.
Man spricht von einem Attentat auf Hitler

22. Juli – Ich bin „TAC". Nichts zu berichten. Ich bereite den Nachtisch für den morgigen Jahrestag vor. Ein Jahr schon! Aber wieviel noch? Kein Mensch weiß das.

Sonntag, 23. Juli – Wir feiern den Jahrestag unserer Ankunft in Deutschland. Schöner Tag unter Freunden. Gemeinsames Essen mit den Kameraden der 8/15, Radau, Lieder. Nachmittags Spaziergang an den Teichen. Der Mannschaftsgeist zeigt sich und festigt die Bande der Kameradschaft.

24. Juli – Jede Nacht gegen 2.00 Uhr Alarm. Das stört die Nachtruhe ziemlich. In der Fabrik arbeite ich jetzt als Maurer (Wand zum Schutz der Maschinen), aber die Wand wächst nicht schnell.

Dienstag, 25. Juli – Es ist nun ein Jahr her, genauer 366 Tage, denn wir haben ein Schaltjahr, dass wir im KdF angekommen sind, dieser Stadt der Freude, um 19.00 Uhr an einem warmen Sommerabend. Dieses Jahr ist der Himmel trüb. Vorbote einer baldigen Heimkehr oder schlimmerer Zeiten?

Die Temperatur ist wenig milde, Regen, Wind, selten Sonne. In der Fabrik dagegen ist es sehr heiß, die Luft ist stickig (im Kellergeschoss). Das ermüdet sehr.

28. Juli – Gestern Donnerstag: gute Music-Hall.
Anmerkung „Nur für Deutsche": 1. Die Schutzräume werden mit 1,50 m dicken Betonwänden verstärkt, eine Arbeit, die von Ausländern durchgeführt wird. Ihre Schutzräume sind abgedeckt, für die anderen ist kein Material mehr da, natürlich. 2. Die Hauptstraße, um das Werk zu verlassen. 3. Vorrecht in den Schlangen und die besten Stücke wie für die Mütter der Familie. 4. Getränke im Werk, vor allem Milch. Für die Ausländer reicht Leitungswasser etc. ... zum Ausgleich haben wir „Anschisse", Gummiknüppel, Lager 18 oder 21, Polizei usw.

31. Juli – Gestern Fußballspiel gegen die KG [Kriegsgefangenen]. Sieg mit 13:1. Uninteressant. Samstag, gelungener Abend mit Freunden. Wir kauen Erinnerungen durch, die herzzerreißend sind! Idiotisch!
Spätere Anmerkungen zur Bombardierung vom 20. Juni:
Die Schäden sind erheblich. Die Mechanische wurde am Ende der Halle und gegenüber der Kantine 15 getroffen. Dach und Hallenböden sind eingestürzt, etwa 300 Maschinen beschädigt. Man bringt die restlichen ins Untergeschoß, denn sonst hätten sie unter freiem Himmel gestanden. Der Flugzeugbau ist völlig zerstört und ausgebrannt. Die Decke ist in der Mitte heruntergekommen.[46] Die Karosserie-Abteilung besteht nicht mehr. Das Presswerk hat ebenso gelitten wie die Abteilung „Neue Bomben".

Ich glaube, dieser Angriff ist die Rache für die „Neuen Bomben", die auf England abgeschossen werden.
Die Kantinen haben stark gelitten, mehr als die Hälfte ist zerstört. Man kann jetzt die Scheiben in der Fabrik zählen. Auch auf und um den Fußballplatz herum fielen Bomben.
Das Kraftwerk und die Küchen, die an den äußersten Enden des Werkes lagen, wurden nicht getroffen. Die Holzbrücke über dem Kanal hingegen und die Bahnlinie wurden zerstört.[47]
Wenige Todesopfer: zwei Franzosen, glaube ich, und eine höhere Zahl von Opfern unter den Deutschen und Russen. Die Bunker halten gut, denn die Sprengbomben schlagen nicht durch. Die Kameraden aus Rouen und Kubler, Kumpel aus der 8/15, werden in ihrem Schutzraum eingeschlossen. Sie haben weder ausreichend Luft noch Licht. Sie sind fast erstickt, als es ihnen endlich gelingt, herauszukommen.
Belagerungszustand: Die SS und die Polizei schießen auf alles, was sich bewegt. An Flucht oder Befehlsverweigerung ist nicht zu denken. Nicht wenige werden wegen Diebstahls erschossen.

1. August – Ruhige Woche. Es scheint wieder schön zu werden. Nicht zu früh! Aber nimm dich in Acht vor den Flugzeugen!
Kein Alarm diese Woche: Es braut sich etwas zusammen. Was die Kriegslage betrifft, so spricht man von gewaltigen Vormärschen der Russen (Warschau) und der Engländer (St. Nazaire).

3. August – Ich sehe Christiane die Woche nicht. Ich weiß nicht, was aus ihr geworden ist. Pariser Abend in der „KdF-Halle", grauenvoll, geschmacklos und nicht besonders komisch. In Paris reißt man sich kein Bein aus, um uns Zerstreuung zu schicken. Aber man soll ja nicht glauben, dass wir, nur weil wir in Deutschland sind, alles schlucken müssen, ohne es zu hinterfragen!

Postkarte der Cianetti-Halle

Samstag, 5. August – 13.45 Uhr vierte Bombardierung, nach zwei Stunden im Bunker. Diesmal trifft es die Mechanische hart. Die Bunker werden erschüttert, Türen fliegen krachend durch die Gegend. Wir sind genau darunter.
Eine Bombe schlägt gegen unseren Bunker, der schaukelt wie ein Schiff. Instinktiv fallen Auger, mein Nachbar, und ich uns in die Arme. Wir denken beide: Jetzt sind wir dran, das ist das Ende! Nach dem Bombenangriff zittern wir alle wie Espenlaub: Das ist die Reaktion. Als wir herauskommen, Feuer überall. Der Rauch dringt bis in die Bunker. Uns war sehr heiß!

Sonntag, 6. August – Arbeitsanweisung heute: Aufräumen! Nur das nicht! Auf zu „TAC" in die Wälder! Wir haben jetzt Erfahrung, es herrscht Chaos und wir haben keine Angst vor einer Kontrolle. Strahlend schöner Tag. Ein wenig Hunger, aber wir ernähren uns von der Freiheit statt..... von der Liebe und von frischem Wasser. Drei Stunden Alarm. Bombardierung in der Ferne. Und wir, wir haben keine Angst!

7. August – Wieder an der Arbeit. Aufräumen. Es war ein schwerer Angriff, besonders getroffen wurden das Presswerk und die Mechanische, letztere im Obergeschoß und im Keller. Viele Maschinen „kaputt". Man spricht viel davon, die ganze Fabrik zu evakuieren. Sie hat kein Dach mehr, nur noch Eisenträger. Viele Pressen sind stark beschädigt. Wir hatten Glück. Wie lange noch?
Ich gehe zur Beerdigung von drei Franzosen (zwei KG [Kriegsgefangene] und ein Ziviler), die bei dem Angriff ums Leben gekommen sind. Sie waren draußen geblieben statt in die Bunker zu fliehen, wie es der Anweisung entsprach. Typische Zeremonie der deutschen Wehrmacht, die den zwei KG mit Salutschüssen militärische Ehren erweist.

9. August – Wir verpacken das Werkzeug, ölen die Maschinen. Wir ziehen um, so heißt es zumindest. Welch ein Glück, dies alles hinter sich zu lassen, Horizontwechsel und kein Werkschutz mehr!
Die Vorbereitungen gehen weiter. Ich bin Spezialist für die Bemalung der Kisten. Überall hört man das Hämmern und Schlagen. Die Russen singen, die Franzosen lachen, die Deutschen sind bedrückt und nachdenklich.
Dieser Angriff ist entscheidend, denke ich. Die ganze Fabrik wird verlegt, aber heute plötzlich, Gegenbefehl, wir packen alles wieder aus und bereiten uns vor, die Arbeit wieder aufzunehmen. Kein Mensch versteht das, nicht einmal die Meister!

Sonntag, 13. August – Spiel gegen Holland. Wir verlieren 3:0 nach einen schönen Spiel, in dem ich zwar alles gebe, aber unsere Mannschaft hat sich durch den Aufbruch verkleinert.

14. August – Wir sollen arbeiten, aber ich habe keinen Strom. Mit ein paar Kumpels stelle ich die große amerikanische Maschine, die „Cincinatti" um, die verlegt werden soll. Eine wahnsinnige Schufterei! Das Fräsen-Lager unserer Abteilung geht nach Fallersleben. Werde ich mit ihnen gehen? Ich wünsche es mir, denn dann würde ich immer den Angriffen entgehen, die schlimmer und schlimmer werden.
Bei einem der letzten Nachtangriffe auf Braunschweig spricht man von 1 200 toten Franzosen und von Bunkern mit 3,50 m dicken Wänden, die aufgerissen wurden. Ist das wahr? Ich glaube, wir werden künftig mit den Meistern in den Wald gehen. Mir wäre diese Art der Übung am liebsten!

16. August – An diesem Mittwoch mache ich wieder blau. Alarm um 9.00 Uhr. Um 11.30 Uhr zieht eine Menge Flugzeuge vorbei. Aber nichts, das gilt nicht uns.

17. August – Ich verpacke meine Maschinen, die nach Fallersleben gehen. Ich wünsche mir nichts so sehr, als sie zu begleiten und diese schmutzige Fabrik, die berühmt ist für ihre strenge Disziplin, zu verlassen: Ein französischer

Gefangener wurde von der SS geschlagen und mit Nierenverletzungen ins Krankenhaus gebracht!
Dabei waren solche barbarischen Strafen von den Behörden verboten. Die Lynchjustiz an drei JOFTAs wird sogar bis zu Himmler hinaufgehen, so sagte man es uns jedenfalls. Die Franzosen sollten verschont werden, die anderen aber nicht!
Die befestigten Bunker sind für die Deutschen, für Fahrräder und Schreibmaschinen reserviert. Es ist schließlich wichtiger, Fahrräder zu schützen als Ausländer! Bei Alarm sollten wir in die Wälder gehen. Der Leiter der SS verbietet dies, sogar im Lager und sogar bei Nacht.
Einige Details über die Sitten und Gebräuche der „deutschen Kultur“: Die SS-Leute überwachen uns im Werk, um einen reibungslosen Ablauf und gute Arbeit zu gewährleisten, so sagten es jedenfalls die Leiter dem JOFTA-Chef Trigaux, als er sich einmal beklagte. Sie sparen nicht mit Schlägen, und täglich werden einige Kameraden geprügelt und machen „Gymnastik“. Jean Miquel zum Beispiel wird in der Fabrik bei der Arbeit „aufgegriffen“ und in den kleinen Wald hinter dem Werk geschleppt. Ein SS-Mann läßt ihn Kniebeugen machen, die Schaufel am ausgestreckten Arm, und dann ging es „eins – zwei, rauf – runter“, fünf Minuten lang. Dann kam ein Pflasterstein auf die Schaufel, und das ganze noch einmal. Ein weiterer SS-Mann kommt dazu, und das Spiel geht von vorne los mit einem Balken. Und dabei nur kein Wort, keine Fragen. Ein Schlag mit dem Gummiknüppel für jedes Wort.
Schließlich muss er hin und her rennen, jedesmal ein Schlag auf den Rücken und immer laufen, laufen, hin und zurück. Dann muss er durch einen Graben voll Schlamm gehen, muss ihn entlanglaufen. Seine Kräfte lassen nach, als sein Peiniger das Spiel wechselt: Wenn man sie auf Bäume klettern ließe? Er sucht einen dicken Baum aus, dessen erster Ast sich in einer ziemlichen Höhe befindet. Unter Schlägen muss Jean hinaufsteigen. Es ist schwer, aber er schafft es bis zur Hälfte. Dann: „Ab“! Kaum ist er unten, „Auf“! Und das mehrfach unter unzähligen Knüppelschlägen. Dann als die SS-Leute sich hinreichend amüsiert haben, schicken sie ihn zur Arbeit in die Gießerei. Er ist tagelang völlig kaputt, und sein Rücken ist rot und geschwollen.[48]
Drei JOFTAs, die im Stadion arbeiten, werden an Stelle von anderen bestraft, die blaumachen. Sie werden geschlagen und müssen eine ähnliche Tortur ertragen wie Miquel, sogar schlimmer! Ihre Rücken bluten, und einer wird sogar ohnmächtig. Danach scheinen sie um Jahre gealtert zu sein. Und solche Spielchen gibt es im Werk ständig. Die Russen bekommen die härtesten Schläge.
Ein Franzose, der erst vor acht Tagen aus dem Krankenhaus gekommen war, erfährt dieselbe Behandlung. Er liegt röchelnd am Boden, aber die SS prügelt weiter auf ihn ein. Kann man das „Zivilisation“ nennen und auf diesen Prinzipien ein Europa gründen wollen?

Sonntag, 20. August – Sonntagsspaziergang mit vier Kameraden aus Béziers am Kanal. Schöner Tag unter Freunden.

21. August – Im Werk ziehen alle Maschinen um oder werden darauf vorbereitet. Ich bringe diese zum Werksbahnhof. Seit Freitag lassen uns die Engländer in Ruhe. Das sind uns willkommene Ferien.

Periode III: Winter (von August 1944 bis zur Befreiung)

23.8.1944 – Mit Le Franc und Dutot fahre ich auf einem Lastwagen nach Neindorf (im Süden) zwischen Oebisfelde und Braunschweig.

Ich bin froh, soviel Glück zu haben. Wir sind in einer kleinen Fabrik, einer alten Rösterei und Kartoffelflockenfabrik, die außerhalb des Dorfes an einer Bahnstrecke liegt. Die kleine Gruppe besteht aus vier Russen, zwei Italienern, zwei Deutschen und uns.

Wir landen dort unter bleierner Sonne, aber ich möchte mit niemandem tauschen. Hier riecht es wunderbar nach Land, Heu und frischem Gras. Enten, Gänse und Puten erfreuen uns mit ihrem Geschnatter. Wie weit entfernt sind wir vom Getöse von KdF!

Von fern beobachten wir einen der üblichen Bombenangriffe auf Braunschweig (9 Wellen). Wir zittern aus Angst um unser Lager.

Die Maschinen kommen in Waggons. Es ist wirkliche Arbeit, sie auszuladen. Es ist schwer, aber interessant, und die beiden Deutschen sind sympathisch. Übrigens: Mittwoch kein Essen, Donnerstagabend eine Suppe, Freitagabend Kohlsuppe mit Brot, Samstag Suppe. Wir essen grüne Äpfel, um unseren Hunger zu stillen, und haben alle Bauchschmerzen. Sonntag ist in KdF ein recht gutes Varieté. Am Montagmorgen kehren wir zurück und entladen zwei Waggons. Tatsächlich kommen 20 Russen zur Verstärkung. Das ist weniger interessant. Am Samstag gerät Dutot unter eine Maschine und bricht sich das Handgelenk. Jacques fällt in einen Waggon.

Wann bin ich dran?

Wir haben noch mehr Russen und ein paar Franzosen zur Verstärkung erhalten. Wir arbeiten schnell, aber es ist hart und anstrengend. Die Verpflegung: eine sehr gute Suppe mittags, am Abend eine doppelte Portion, und die Meister geben uns ein wenig Brot dazu. Man kann zufrieden sein, denn ich esse doppelt soviel wie da drüben.

Wir haben keine neuen Nachrichten und wissen nicht, was los ist. Abends gehen wir kurz in den Gasthof am Bahnhof, um zu lesen oder um etwas zu trinken. Dann gehen wir im Dunkeln schlafen auf den Matratzen, die sich auf dem Speicher befinden. Es ist ein neues Leben, das uns ein wenig vergessen lässt, wie die Zeit verstreicht. Immer Arbeiten, ein wenig Schlafen, das ist alles. Vorbei die Zeit mit Vergnügen, Kino und Fußball.

Ich schreibe einige Überlegungen oder besser einige Tatsachen aus der Zeit nach dem Angriff vom 5. auf KdF nieder. Am Sonntag müssen wir arbeiten. Etwa die Hälfte von uns ist nicht da. Ergebnis: Am Montag bewacht uns die SS im Werk, Gewehr und Gummiknüppel in der Hand. Einer ist immer in Sichtweite, also nicht aufhören zu arbeiten oder langsamer werden, oder sonst? Als ich etwas beschrifte, werde ich angebrüllt, ich weiß nicht, warum, verstehe nicht. Aber ich sage „ja“, immer, diskutieren ist zwecklos, sie haben immer Recht. Auch die Deutschen haben Angst, die „Meister“ ebenfalls. Ein alter, etwa 60-jähriger Mann muss ins Krankenrevier, um sich nach Schlägen ins Gesicht behandeln zu lassen.

Also ist man vorsichtig, ist pünktlich, arbeitet und ist müde. Aber jetzt warten wir auf eine baldige Rückkehr nach Frankreich, und das gibt uns Mut.

Die Kartoffelflockenfabrik in Neindorf, Verlagerungsbetrieb „Kaffee" des Volkswagenwerks

Ich bemerke, dass die Deutschen hier mehr Verständnis für unsere Situation haben. Das ist nicht mehr KdF.

3.9.1944 – Heute Arbeit bis 15.30 Uhr. Wir können nicht ins Lager zurück, um die Kameraden zu besuchen. Es regnet, stürmt, die ersten Blätter fallen, es wird Herbst. Vor einer Woche habe ich einem Empfang und einem Vortrag des Gauleiters auf dem Cianetti-Platz beigewohnt.

Alle Uniformen waren versammelt, und davon gab es viele! Alle männlichen Wesen von sieben Jahren bis fast zum Tode sind uniformiert und mehr oder weniger gut bewaffnet, von der einfachen Armbinde und dem Messer über alle möglichen Jagdflinten und Karabiner bis zur vollständigen Uniform und Maschinengewehr. Aber letztlich werden sie beherrscht und können andere beherrschen.

Es ist eine sonderbare Versammlung. Ich bemerke neben zahllosen, riesigen Hakenkreuzfahnen einen Zug von Kindern mit Trommeln und Fanfaren, die so groß sind wie sie selbst. Sie benehmen sich wie Erwachsene. Das sind trotz ihrer 10 Jahre wirklich keine Kinder mehr!

9.9.1944 – Die ganze Abteilung ist nun angekommen, sogar der Werkschutz. Das ist zuviel!!

Den Abend verbringe ich mit Tanzen und einem Spaziergang bei Nacht mit einer hübschen Russin. Man lernt das Slawische kennen.

10.9.1944 – Sonntag. Arbeit bis Mittag. Danach gehen wir zu Fuß nach KdF (15 Kilometer) und kehren am nächsten Tag gegen Mittag zurück. Dann nehmen wir die Arbeit wieder auf, aber wir machen fast nichts und suchen ein gutes Versteck. Ich rühre über Tage keinen Finger. Die Verpflegung ist dürftig, und wir beschweren uns bei unserem Vertreter. Sofort wird es besser. Wir bekamen mittags Kohl- oder Schrotsuppe und am Abend ein kleines Stück „margo" (Margarine) und Wurst, während die „Herren" bei jeder Mahlzeit Braten und abends Bratkartoffeln essen. Sie essen und essen, ohne Pflaumen und Gebäck zu vergessen. Aber dennoch: Wir essen besser als zuvor und bekommen alle zwei Tage Kartoffeln.

14.9.1944 – Die Alarme gehen ohne Unterbrechung weiter, ganz gleich, wie spät es ist. Mir tun die Kameraden leid, die noch in KdF sind. Schubweise kommen Nachrichten von der Westfront. Die Amerikaner rücken mit erstaunlichem Tempo vor. Man spricht von Köln, der Siegfried-Linie[49] usw. Die Deutschen werden milder, ihre Gesichter verdüstern sich und ihre Gespräche kreisen immer um dasselbe. Viele bekommen kalte Füße. In drei Wochen, einem Monat, meinen sie, ist der

Krieg vorbei. Andere dagegen denken nicht an eine mögliche Niederlage und glauben, man werde in demselben Zeitraum die Alliierten vertreiben und einen sicheren Sieg erringen.

17.9.1944 – Sonntag. Wir gehen ins benachbarte Dorf, Ochsendorf, und besuchen ein Kommando Kriegsgefangener, die in der Landwirtschaft arbeiten. Sie alle sind sehr glücklich, uns zu sehen, und wir reden den ganzen Nachmittag. Materiell geht es ihnen gut, es fehlt ihnen an nichts, die Pakete helfen ihnen. Sie meinen sogar, es ginge ihnen besser als uns, weil es bei ihnen keine Polizei, keine Überwachung rund um die Uhr gebe. Sie seien „ihr eigener Herr". Ich habe mir Fieber eingefangen und kann nicht aufstehen. Ich bleibe zwei Tage auf meinem Strohsack auf dem Speicher, und Herr Porath, der zweite Mann in der Fabrik, bringt mir Tabletten und Kräutertee.

21.9.1944 – Die Einrichtung der Fabrik geht ihrem Ende entgegen. Nur mit unserer Unterkunft haben wir es nicht besonders gut getroffen. Eng, dunkel und ohne jede Bequemlichkeit. Dabei darf ich mich gar nicht beklagen, denn ich bin stolzer Besitzer einer Sprungfedermatratze, habe Betttücher und sogar einen Kleiderschrank. Im Übrigen langweilen wir uns nicht, dazu haben wir keine Zeit. Bücher gibt es ja auch noch, um sich abzulenken. Die Verpflegung ist mittelmäßig. Fünfmal die Woche gibt es Suppe ohne Fleisch. Das Brot ist schimmelig. Dennoch arbeiten wir 72 Stunden! Aber trotz des Lagers, trotz der Ernährung, und obwohl wir nichts Neues aus Frankreich hören und keine Ablenkung haben, trotz Arbeit und Regen werden wir nicht trübsinnig. Das hat vor allem zwei Gründe. Zum einen sind wir dieses schwierige Leben gewöhnt, und zum anderen haben wir die feste Hoffnung, dass alles bald zu Ende ist und wir unverzüglich zu unseren Familien heimkehren können. Jeden Morgen erwarten wir eine offizielle Mitteilung und Gerüchte, die uns die Kumpels aus KdF mitbringen. Wir lesen, kommentieren die Nachricht auf unsere Art, betrachten die Landkarte und stellen Hypothesen auf, was letztendlich zu überhaupt nichts führt.
Die Kameraden aus dem Flugzeugbau, Kulber, Brillac, Daniel, Gueudeville, Supéra, Duhart und Mattet, sind nach Neudek verlegt worden. Es bleiben in der 8/15 jetzt noch fünf Personen, und das ist gar nicht schlecht. Der Raum ist sauber und besteht aus Küche und Wohnraum. Letzten Sonntag bin ich dorthin gegangen und wurde empfangen, fast als wäre ich bei mir zu Hause. Abends gab es ein reiches, gemeinsames Essen.
Ich habe noch ziemlich viele Vorräte, die ich mit Blick auf eine bevorstehende, schnelle Abreise verbrauche. Sie sind natürlich allen höchst willkommen und ergänzen die tägliche Suppe in angenehmer Art und Weise.
Das herausragende Ereignis des Monats ist die Abreise von KdF, wo ich 13 Monate verbrachte. Es hieß, mein Zimmer und vor allem meine Freunde zu verlassen sowie die vielen, verschiedenen Freizeitbeschäftigungen, die wir hatten, um auf das flache Land zu fliehen, wo man nichts anderes kennt als die Arbeit. Aber man muss zugeben, dass das einen großen Vorteil hat. Man ist fern von Bombenangriffen, hier herrscht friedliche Ruhe. Jeden Tag, egal zu welcher Zeit oder bei welchem Wetter, fliegen sie vorbei, und man hört, wie in der Ferne die „Pflaumen" fallen. Nicht jeder ist in diesen Tagen glücklich.

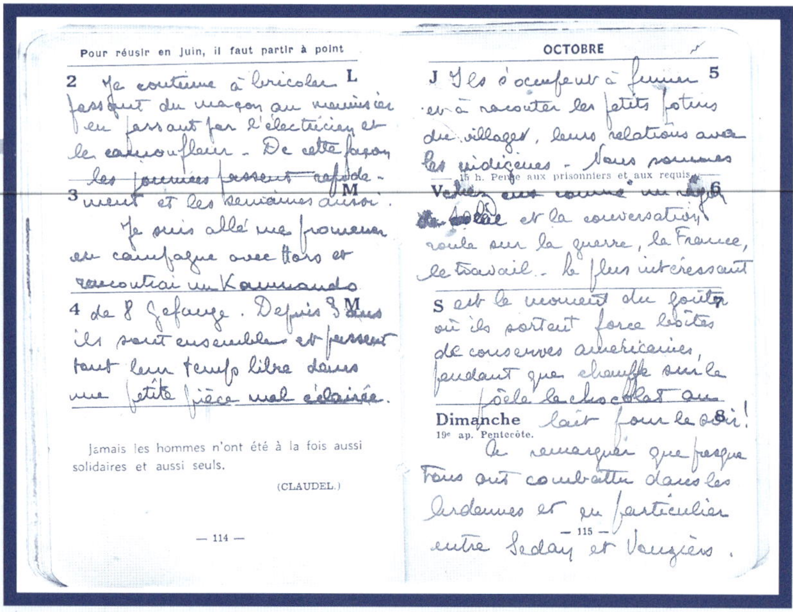

Pour réussir en Juin, il faut partir à point

2 Je continue à bricoler L
fais tout du maçon au menuisier
en passant par l'électricien et
le camoufleur. De cette façon
les journées passent rapide-
3 ment et les semaines aussi. M
Je suis allé me promener
en campagne avec Hors et
rencontrai un Kommando
4 de 8 Gefange. Depuis 3 ans M
ils sont ensemble et passent
tout leur temps libre dans
une petite pièce mal éclairée.

Jamais les hommes n'ont été à la fois aussi solidaires et aussi seuls.

(CLAUDEL.)

— 114 —

OCTOBRE

J Ils s'occupent à fumer 5
ou à raconter les petits potins
du village, leurs relations avec
les indigènes. Nous sommes

15 h. Pense aux prisonniers et aux requis

[illegible] comme un rayon 6
de soleil et la conversation
roule sur la guerre, la France,
le travail. Le plus intéressant
S est le moment du goûter 7
où ils sortent force boîtes
de conserves américaines,
pendant que chauffe sur le
poêle le chocolat au
Dimanche lait pour le soir! 8
19e ap. Pentecôte.
Je remarque que presque
tous ont combattu dans les
Ardennes et en particulier
entre Sedan et Vouziers.

— 115 —

Tagebuch (Okt. 1944)

1.10.1944 – Der fünfte Sonntag, an dem ich bis Mittag arbeite. Wo ist mein Bett?

Ich mache alle möglichen Handwerksarbeiten und spiele den Maurer, Schreiner, Elektriker oder Maler. So vergehen die Tage und Wochen wie im Fluge.

Ich bin mit Hors in der Gegend spazierengegangen. Wir trafen ein Kommando von acht Gefangenen. Seit drei Jahren sind sie zusammen und verbringen ihre ganze freie Zeit in einem kleinen, düsteren Raum. Sie rauchen und vertreiben sich die Zeit mit Klatsch und Tratsch aus dem Dorf und über ihre Beziehungen zu den Einheimischen. Wir sind für sie wie ein Sonnenstrahl und reden über den Krieg, über Frankreich und über die Arbeit. Am interessantesten ist es nachmittags beim Kaffee, wo sie reichlich amerikanische Konserven auftischen, während auf dem Ofen schon der Kakao aus Milch für den Abend warm wird.

Bemerkenswert ist, dass fast alle in den Ardennen gekämpft haben, vor allem zwischen Sedan und Vouziers.

9.10.1944 – Mein Vorarbeiter, „die Brille", der eigentlich Erik heißt, wird sympathisch und weiht mich in die Einstellung der „Cleveland-Maschinen" ein. Die Arbeit wird interessanter, aber deswegen mache ich nicht mehr. Der Krieg macht im Moment kaum von sich reden, aber die Deutschen plustern sich ein wenig auf. Wir haben es aufgegeben, uns über die Verpflegung zu beklagen, nur die Kartoffelwaggons bekommen immer wieder Besuch. Wir legen im Wald Kartoffelspeicher an, und Tag und Nacht kochen in der Fabrik eimerweise Kartoffeln mit Hilfe zweier elektrischer Kabel.

Der Preis für Zigaretten steigt, und ich habe mir zum Glück Reserven angelegt. In KdF bekommt man für sechs Zigaretten drei Pfund Brot. Eine Zigarette ist 20 Reichsmark wert, ein Paket Margarine der Marke Rama 100 Reichsmark.

Die Mark ist auf Null gefallen. Aber bei den Deutschen bekomme ich drei Kilo Brot für 20 Rama. So kann ich mich richtig satt essen.

14.10.1944 – Heute Nacht furchtbarer Angriff auf Braunschweig. Der ganze Himmel ist hell erleuchtet. Die Explosionen leuchten hell. Die Flugzeuge fliegen sehr tief und machen uns halb taub. Rauch steigt auf. Am nächsten Morgen nach dem Aufstehen ist der Himmel noch zur Hälfte mit Rauch bedeckt. Und wir sind immerhin 20 Kilometer von der Stadt entfernt!

15.10.1944 – Sonntag. Langer Spaziergang mit dem „Prof.“. Nachmittags 30 Kilometer durch zahlreiche deutsche Dörfer, wenig malerisch im Großen und Ganzen. Triste Häuser nur aus Backsteinen, Ziegeln, Holzbalken und Lehm. In jedem Dorf gibt es eine große Gänseherde auf eingezäunten Weiden mit einem natürlichen oder künstlich angelegten Teich.

18.10.1944 – Es ist Herbst. Die Wälder leuchten in den schönsten, bunten Farben von dunkelgrün über alle möglichen Grün- und Rottöne bis hellgelb. Es ist der schönste Moment des Jahres. Ich genieße ihn ein wenig zwischen zwei Zimmern am Fenster und denke viel an meine Wälder in den Ardennen, an die schönen Wälder von Balaives, die ich immer geliebt habe, aber nie so sehr zu schätzen wusste wie in diesem Augenblick.

21.10.1944 – Neue Maßnahmen gegen die „Ausländer“. Es ist verboten, das Gebiet von Neindorf zu verlassen. Um acht Uhr abends müssen wir wieder im Lager sein. Ein Glück, dass der Winter vor der Tür steht. Man zieht sich in der Baracke in die Ecke am Ofen zurück mit einem guten Schmöker und fühlt sich wohl beim sanften Knistern des Birkenholzes.

22.10.1944 – Sonntag im Bett verbracht. Ich habe die Grippe und bin nicht böse darüber, mich etwas auszuruhen. Um die Zeit totzuschlagen und um vor der Maschine auch meinen Kopf zu beschäftigen, spiele ich mit einigen Kameraden, die ich hier gefunden habe, Theater. Am Abend proben wir, tagsüber lernen wir den Text. Wir bereiten einige Szenen und Lieder vor und haben dank der Bereitwilligkeit des Ingenieurs dazu ausreichend Gelegenheit. Das ist im Moment unsere wichtigste Beschäftigung. Sie hilft uns, unsere Ungeduld in diesen Tagen, in denen sich so wenig bewegt, zu überwinden.

13.11.1944 – Heute, am 13. November, setze ich mein Tagebuch fort, das ich aus Mangel an Zeit und Licht unterbrochen hatte. Wir haben unseren Palast, den Speicher der Fabrik, verlassen und sind in die Baracken des Lagers gezogen. Es liegt etwa 300 Meter von der Fabrik entfernt auf einer Waldlichtung, wo man einen Sportplatz angelegt hat. Es gibt eine Baracke für die Franzosen, darin ein Zimmer für einige Belgier und Holländer, eine Baracke für die italienischen Gefangenen, eine Baracke für Russen und eine für Russinnen. Eine fünfte ist für den Lagerführer und einige Deutsche. Kein Wasser. Waschen muss man sich in der Fabrik: Ein Schuppen aus Holz mit einem Brett mit Löchern ist die Toilette, ein anderer die Gemeinschaftsdusche. Eine Stunde ist für

Männer reserviert, alle zusammen, eine andere Stunde für die Frauen. Es kommt vor, dass wir durch ein Astloch die jungen Schönheiten bewundern, die dort nackt im Wasserdampf herumhüpfen.

20.11.1944 – Sonntag. Nachtschicht. Wir genießen die letzten Sonnenstrahlen, die durch die gelben Birkenblätter blinzeln. Dann kommt Wind auf, Regen fällt, und wir zünden uns ein schönes Holzfeuer an, das „der Bude" durch die Wärme und das flackernde Licht ein wenig Familienatmosphäre gibt. Wir denken an gemütliche Winterabende am Küchenherd, an denen man hört, wie der Wind pfeift, wie das Holz knistert und das Fett in der Pfanne brutzelt, das genauso ungeduldig wie wir auf den schönen gelben Teig wartet, der dann aufgeht und kleine Pfannkuchen gibt.
Pfannkuchen ... das ist nur ein Traum! Ich schaue auf meinen Teller und erblicke leider nur einen merkwürdigen Wasserbrei, ohne Milch, ohne Butter. Schmeckt ein wenig fade, ist aber dennoch so gut, dass wir ihn nur einmal die Woche kochen, um Kartoffeln zu sparen.
Zu zweit haben wir etwa 15 Kilo, aber das ist sehr wenig. Und wie haben wir sie aufgetrieben? Wir gehen auf gerodeten Feldern Kartoffeln sammeln, einen Sack auf dem Rücken an einem kalten Nachmittag in einer Nachtschicht-Woche. Das erinnert ein wenig an Robinson und seine süßen Kartoffeln. Aber uns schmeckt der Kartoffelbrei so gut wie daheim die wöchentlichen Waffeln.
Wir haben auch nachts am Bahnhof Kartoffeln aus den Waggons geklaut. Aber es wurde gefährlich, seit einmal auf einen Kameraden geschossen wurde.

Allerheiligen ist vorbei, und wir haben es nicht bemerkt, ebenso der 11. November. Im vergangenen Jahr in KdF haben wir ihn im Speisesaal mit einer Schweigeminute begangen. Die Deutschen waren verdutzt. Ich weiß nicht, ob sie es begriffen haben.[50]

29.11.1944 – Seit einigen Tagen ist totale Mobilmachung. Männer von 16 bis 60 Jahren müssen zum Militärdienst, die Arbeit ist vorbei. Die Frauen müssen arbeiten, und wir haben mit Lächeln und bitterem Hohn etwa 30 alte Frauen aufnehmen müssen, von denen die meisten hochbetagt waren. Sie haben Angst vor den Maschinen und viele sind verzweifelt, sie weinen wie Kinder, die zum ersten Mal zur Schule gehen.

30.11.1944 – Ich hatte für eine Weile aufgehört, Tagebuch zu schreiben, denn es gab kein Licht. Ich nutze heute einen freien Tag, den ich dem kleinen alten Doktor von Neindorf verdanke, ein alter Mann, längst reif für die Pension, dessen Praxis eher aussieht wie die eines Heilpraktikers als eines Arztes. Das Porträt von Bismarck hängt neben einer Schmetterlingssammlung und einem Regal mit Medikamenten. Der Besuch bringt mir lediglich einen freien Tag, und das mit unsauberem Blut, mit Fieber und mit Knoten in der Leistengegend. Es ist immer dasselbe!
Es ist regnerisch, und jeden Tag nehmen wir, wenn wir zur Fabrik gehen und ins Lager zurückkehren, ein Bad im Schlamm. Trotz dieses Wetters kommen die Flugzeuge bei Tag und bei Nacht und vergessen nicht, die arme Stadt Braunschweig mit einem Bombenhagel zu überziehen. Es muss entsetzlich sein, in dieser Stadt zu leben, die beinahe täglich Bombardierungen ausgesetzt ist.

6.12.1944 – Unsere Theateraufführung ist ein unerwarteter Erfolg, der uns Mut macht für den nächsten Auftritt, der für Weihnachten geplant ist. Wir schreiben ein Stück über unser Leben in „Kaffee“, und jeder trägt Lieder oder Gedichte dazu bei. So verbringen wir die Abende mit angenehmen Dingen und ebenso die Tage. Es ist ungemein schwierig, von den Deutschen etwas zu bekommen. Sie versprechen einem, was man will, halten aber nichts. Wir haben in unserem Lager noch kein Wasser, keinen Strom. Es ist zwar erlaubt, ein Feuer zu machen, aber verboten, das Lager nach 20.00 Uhr zu verlassen, etc. Sie haben allerdings im Moment auch wirklich anderes im Kopf. Ihr Land ist bedroht. Stahl kommt nur noch spärlich in KdF an, die Nahrung wird knapper, wir betreiben daher einen schwunghaften Handel und „klauen“ (man kann nicht sagen „stehlen“), wo wir können. 50 Gramm Tabak kosten 100 Reichsmark, ein Brot 20 Zigaretten, wenn man welche findet, und nachts machen wir uns auf, um die Kartoffelspeicher der Bauern zu plündern, was eine Beschwerde bis zum Gauleiter eingebracht hat. Ab sofort ist es uns verboten, auch nur eine einzige Kartoffel zu besitzen, egal woher sie kommt.

Wir fälschen übrigens die Lebensmittelkarten, um am Montag zwei Brote zu bekommen. Wir legen Schlingen und fangen einige Hasen. Es ist ein wirklicher Kampf für den Bauch! Der Fabrikbesitzer hat in seinem kleinen Garten nebenan ein Beet mit Porree. Nachts kommt es vor, dass wir im Vorbeigehen ein paar davon stibitzen, um die normale Verpflegung aufzubessern, aber wir haben Angst, als wir dem Werkschutz am Ausgang der Fabrik die Ausweise zeigen müssen und fürchten, der Geruch könnte uns verraten.

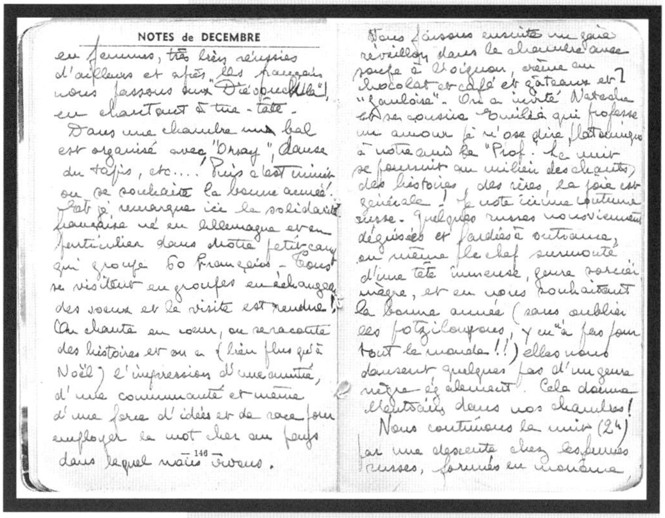

Tagebuch (Dez. 1944)

9.12.1944 – In KdF stellt man jetzt „Fäuste aus Stahl" her, und jede Viertelstunde hört man die Detonationen von Versuchen. Vorsicht vor einer neuen Bombardierung!
Wir haben jetzt junge deutsche Frauen, viel hübscher als die ersten, aber sie sind nicht besonders mutig. Am 3. Dezember haben wir die erste Nachricht über das Rote Kreuz nach Frankreich geschickt. Wenn sie doch nur ankäme!
Die Tage vergehen schnell, Weihnachten rückt mit großen Schritten näher. Das Wetter ist mehr freundlich als kalt, es regnet ununterbrochen. Wir rechnen nicht mehr damit, vor Jahresende nach Frankreich zurückzukehren. Wir haben uns nun daran gewöhnt und werden sicher sehr erstaunt sein, wenn dieser ersehnte Tag wirklich kommt, denn er wird, so glaube ich, schon bald kommen, spätestens in einem oder in zwei Jahren! Nur Mut, mein Alter, wir werden zurückkehren!

28.12.1944 – Ich schreibe nach einem ziemlich trübsinnigen Weihnachtsfest. Wir haben den Heiligen Abend beim Licht zweier Öllämpchen in der Waldbaracke unseres Lagers verbracht. Das Essen war bescheiden, wirklich denkwürdig für die Zeiten, die noch kommen werden: Erbsenpüree, Bohnen, Schokoladenpudding und Kuchen. Von „Vollstopfen" hat es was. Wir fühlen uns nicht wohl und wissen nicht, wie wir in Stimmung kommen sollen. Aber der Sinn des Heiligen Abends ist ja schließlich nicht das Essen, sondern das Beisammensein aller Kameraden, unserer Familie in Deutschland. Man fühlt sich ein wenig glücklicher, ein wenig wie in der eigenen Familie. Stärker als sonst fühlen wir in diesem Moment eine feste Verbundenheit, wir rücken zusammen und sind glücklich.
Ein Christbaum, den wir im Wald geschlagen haben, gibt unseren vier Wänden eine etwas heimische Atmosphäre. Die Nacht vergeht bei Geschichten, Liedern und Musik, denn bei den Gefangenen haben wir ein altes Grammophon entdeckt. Die nächsten zwei Tage vergehen mit Fußball und Poker – denn ich spiele jetzt Karten – und mit halb sentimentalen, halb neugierigen Spaziergängen. Das muss ich erklären: Ich bin ziemlich eng mit einer hübschen Russin zusammen, die auf den Namen Natascha hört. Sie könnte sich selbst in Frankreich sehen lassen und ist sogar sehr hübsch, sauber und gut gekleidet. Aber hier sind wir so etwas wie Zigeuner, und man versteht sich mit Leuten aus ähnlichem Milieu. Also gehen wir beide ins Dorf zu den anderen Russen, d.h. in den Schuppen eines Bauernhofs, der als Tanzsaal dient. Ein paar aufgetakelte Mädels, keine Schönheiten, Männer der gleichen Sorte, ein paar Polen.
Sie sind sehr ordentlich, sogar elegant mit weißem Hemd und Krawatte und weißen Socken. Eine Ziehharmonika und eine Mandoline spielen immer wieder Volksmusik, nach der wir alle gemeinsam tanzen. Hier und da ein Fox, mal ein Tango, unmöglich zu tanzen, Walzer und Polka. Wir tanzen im Kreis, dann nimmt sich jeder eine Partnerin für ein paar Takte, dann wieder im Kreis und ein neues Mädchen. So geht es weiter; dabei gibt es lustige und vor allem sehr hübsche Figuren.
Für ein paar Augenblicke fühle ich mich in die Ukraine versetzt, so wie man dort tanzt und mit Freunden feiert, ohne Ansehen der Rasse und sicher besser, als es ein Russe in Frankreich erleben würde. In Deutschland sollte man möglichst viel lernen, damit man mit den vielfältigsten Erfahrungen im Gepäck wieder heimkommt. Auch der

Charakter formt sich, der Wille, die Geduld, der Mut und das menschliche Einfühlungsvermögen und zwar nicht nur auf französischer, sondern auch auf europäischer Ebene. Ich sage immer wieder, dass wir von unserem Aufenthalt in Deutschland profitieren, trotz der kleinen materiellen und moralischen Unannehmlichkeiten. „Das ist eine Schule der Männlichkeit." Und obwohl viele Kameraden genauso denken, lachen sie mich aus!

Weihnachten ist vorbei, ein paar Tage Arbeit, und schon haben wir den 1. Januar und das neue Jahr 1945! Und wir sind seit 1943 hier! Na ja! Dennoch: In dieser Silvesternacht habe ich die schönsten Augenblicke meiner Zeit in Deutschland erlebt. Ich berichte also in ein paar Zeilen: Sonntag wird bis Mittag gearbeitet. Abends spielen die Kameraden Poker. Ich gehe wieder zum Tanz ins Dorf mit der jungen Russin, von der ich mich nachts nicht trenne. Als ich heimkomme, besuche ich alle Franzosen in ihren Zimmern, wo ich überall eingeladen werde. Anschließend kehre ich in mein Zimmer zurück, wo eine Mahlzeit vorbereitet ist, wie man sie jetzt selten hat: Fischpastete, Linsen mit Schinken, Bratkartoffeln, Kalbsbraten ... „genug", ich kann nicht mehr! Kaum ist die Mahlzeit vorbei, ziehe ich mit den Kumpels aus dem Nachbarzimmer durch das Lager. Sie sind alle verkleidet, die Hälfte von ihnen als Frauen; das haben sie sehr gut hingekriegt. Nach den Franzosen gehen wir rüber zu den „dievouchka" („Mädels") und singen aus vollem Halse. In einem Zimmer wird getanzt: „Orsay", „danse du tapis" etc.

Mitternacht rückt näher, und alle wünschen einander ein gutes neues Jahr, und ich spüre das Gefühl einer französischen Gemeinschaft, die hier in Deutschland entstanden ist, besonders in unserem kleinen Lager mit 60 Franzosen. Man besucht sich gegenseitig in kleinen Gruppen und wünscht einander Glück. Man singt gemeinsam und erzählt Geschichten. Noch stärker als an Weihnachten haben wir den Eindruck der Freundschaft, der Gemeinschaft. Danach feiern wir im Zimmer weiter mit Zwiebelsuppe, Schokoladenpudding, Kuchen zum Kaffee und Gauloises.[51]

Wir haben Natascha und ihre Cousine Emilia eingeladen. Diese bekundet eine Liebe – ich wage nicht, platonisch zu sagen – zu unserem Freund, dem „Prof". Die Nacht vergeht mit Liedern, Geschichten und Gelächter, und alle sind vergnügt.

Einem russischen Brauch entsprechend, kommen einige Russinnen herüber, verkleidet und bunt geschminkt. Selbst der Anführer erscheint mit einem riesigen Maskenkopf wie ein afrikanischer Zauberer. Sie wünschen uns ein gutes neues Jahr und vergessen nicht die „potzilouyous", die Küsschen für jeden von uns. Sie tanzen auch ein bisschen wie die Neger, und da kommen unsere Zimmer in Schwung. Um 2.00 Uhr gehen wir rüber zu den russischen Frauen in einer Art Polonaise, vorneweg der „Prof" mit einer Sturmhaube und Sturmlampe auf dem Kopf. Wir singen „Tomawak" und stampfen mit den Füßen den Takt dazu. So geht es immer um die Tische, und die armen Mädels springen vor Schreck aus den Betten. Die Nacht endet beim Poker oder in sehnsüchtiger Pose hinter einer Decke. Dies gilt für den „Prof" und für meine Wenigkeit. Um 10.00 Uhr Wecken. Es ist heller Tag. Wir müssen die Bühne für den Theaternachmittag vorbereiten. Also, Szenenwechsel! Alles gelingt recht gut, obwohl schlecht vorbereitet. Den Erfolg verdanken wir der französischen Atmosphäre, die heute Nacht entstand.

Ich gebe eine Vorstellung als Chansonsänger mit Le Franc und Maurice und wundere mich, wie selbstsicher und sogar frech mir das gelingt. Wieder ein Stück Charakterschule! Dafür ist man selbst verantwortlich, denn in unseren französischen Schulen stopft man den Kindern nur den Kopf mit Sachwissen voll. Mit anderen zu reden, lernen sie nicht, auch nicht Unternehmungsgeist, Mut oder Verantwortung ....

3.1.1945 – Wieder ein Jahr vorbei. Beginnen wir 1945 mit Mut und Hoffnung, vor allem aber mit Vertrauen! Mut für alles, was wir noch erdulden müssen. Hoffnung, bald zu unseren Familien heimzukehren, Vertrauen – vielleicht in die anderen, aber vor allem in uns selbst!!

Diesmal sind wir der festen Hoffnung, mehr noch als letztes Mal, das begonnene Jahr zu Hause zu beenden. Und doch erscheint uns dies als fast unmögliches Glück. Ich ziehe mein letztes Paar neue Socken an, denn ich habe wunde Füße und muss dennoch Holzschuhe tragen, welch ein Gefühl von Weichheit, Wärme, sogar Luxus! Ich kann mir kaum noch vorstellen, wie man vor dem Krieg von Kopf bis Fuß warm angezogen sein konnte und noch dazu sauber. Hier tragen wir den ganzen Tag Holzschuhe ohne Socken[52] und ausgefranste Hosen, die nach zwei Tagen ölverschmiert sind. Auf einem Spaziergang treffe ich zwei serbische Kriegsgefangene. Einer will unbedingt meine Armbanduhr, obwohl sie nicht mehr richtig geht. Ich tausche sie gegen amerikanische Konserven ein. Dabei war es eine vergoldete Uhr, die ich bei meiner Erstkommunion bekam.

8.1.1945 – Mittags gibt es ein Festessen mit Beefsteak und abends ein Ragout. Soviel Fleisch haben wir schon zwei Jahre und länger nicht mehr gesehen. Ein Kamerad ersteht im Dorf für 5 Reichsmark einen Fuchs. Wir haben gerade Nachtschicht und erzählen denen von der Tagschicht, wir hätten den Hund des Lagerführers getötet, um ihn zu essen. Sie fallen darauf herein und beglückwünschen uns zu unserer Tat, aber sie wollen ihren Teil bekommen. Die Geschichte dauert den ganzen Abend und amüsiert die ganze Kompanie. Nur die Russen sind empört. Sie nennen uns „Sabacca yet", d.h. Hundefresser, und spucken vor Abscheu auf den Boden. Andere kommen uns besuchen und wollen diese „Schweine-Franzosen" sehen, die Hunde fressen und es sich schmecken lassen. Aber das, was auf dem Teller ist, rühren sie nicht an und wollen nicht einmal daran riechen. Dabei ist das Fleisch ausgezeichnet, ohne Beigeschmack und zart wie selten ein Steak. Fehlen nur noch die Frites und ein Viertel Pinard. Ein anderes Mal hat ein Kamerad Frösche gefangen, die wir einfach so in der Pfanne braten. Die Russen reagieren wie zuvor und nennen uns jetzt „Jaba yet" („Froschfresser").

13.1.1945 – Das ist ja mal was Neues: Wir arbeiten jetzt sonntags und haben donnerstags frei. Für uns macht das keinen Unterschied. Hauptsache wir haben einen freien Tag.

Und noch was Neues, und das ist weniger schön: Das Frühstück wird ersatzlos gestrichen. Es gibt keine Butter mehr. Es friert, und wir haben kein Wasser. Wir zerschlagen Eis und holen uns Schnee vor der Baracke und lassen ihn am Ofen schmelzen. Das ist unser Trink- und Waschwasser. Das Feuer jedenfalls brennt ständig. Und womit? Mit Brettern, Kisten und Kohlen, die wir abends in der Fabrik mitgehen lassen. Wer erwischt wird, arbeitet drei Tage 18 Stunden lang. Einige Meter von der Baracke entfernt trocknen neue Eisenbahnschwellen aus Eichenholz. Aber ich weiß nicht, ob die Bahndirektion in nächster Zeit noch die vollständige Anzahl wiederfinden wird.

18.1.1945 – Nach einem großen russischen Angriff sind die Deutschen sehr verunsichert. Die Ausländer freuen sich – vielleicht zu sehr. Es gibt hier immer wieder Luftangriffe – viel schlimmer als früher.
Die Bolschewisten rücken vor. Sowohl bei den Deutschen als auch bei den Ausländern ändern sich Gesichtsausdruck und Verhalten, nur nicht auf die gleiche Art. Ist das nun bald das Ende?

21.1.1945 – Wir bekommen wieder Frühstück, aber ohne Brot. Gegen das ausdrückliche Verbot der Gestapo laufe ich durch den Schnee zum KdF-Werk. Dort frieren sie ohne Ende und arbeiten nur noch 10 Stunden. Man spricht sogar von zwei freien Tagen (Samstag und Sonntag). Andererseits treiben meine früheren Zimmergenossen einen schwunghaften Handel auf dem Schwarzmarkt. Es fehlt ihnen an nichts. Ich erstehe bei ihnen ein Pfund echte Leberwurst und zwei Kilo Mehl für magere Zeiten, die uns im Frühling wohl bevorstehen. Ich will mir einen kleinen Vorrat an Linsen, Mehl, Erbsen und Konserven anlegen. Im Moment kann man zum Glück noch Kartoffeln und Brot kaufen – oder klauen.
Eines Tages weigern wir uns mal wieder, die Suppe zu essen, die nur aus Wasser und weißen Rüben besteht. Trotz der Drohungen vom Sommer bleibt das ohne Folgen. Im Gegenteil, am übernächsten Tag wird die Verpflegung besser. Ich glaube, je mehr man vor den Deutschen kuscht, umso mehr quälen sie einen. Aber kaum spielt man den starken Mann, ziehen sie den Kopf ein. Voller Ärger ging ich einmal zum Ingenieur, um mich zu beschweren. Mein belgischer Freund kam als Dolmetscher mit. Wir befürchteten zwar Schwierigkeiten, wurden aber anständig behandelt.

26.1.1945 – Seit zwei Wochen liegt Schnee, heute etwa 25 – 30 cm. Man sinkt bis über die Knöchel ein, und Schnee dringt in die Holzschuhe. Das ist verflixt kalt. Allgemeine Bemerkung: Die Stimmung ist ausgesprochen gut, sowohl in KdF als auch hier. Keiner weiß warum. Ich arbeite wieder im Keller an der „Pfauter". Nachts arbeite ich mit einem Deutschen zusammen. Er ist etwa 50 Jahre alt und hat eine steife Hand. Er war Hafenarbeiter in Hamburg und sagt, er sei Kommunist. Er hat keine Angst, mir das anzuvertrauen. Wir verstehen uns gut. Er wohnt im Dorf und bringt mir ab und zu einen runzligen Apfel als Leckerbissen mit. Nachts ist es an unserem Arbeitsplatz sehr kalt. Wir haben zwar einen Ofen, aber kaum Kohle. Immer wieder gehe ich einen Eimer Braunkohle holen. Sie liegt ganz hinten in der Fabrik, etwa 150 Meter von uns. Ich gehe dabei barfuß durch den Schnee, damit mich niemand hört und erwischt. Aber es ist verflucht kalt.

2.2.1945 – Der Vormarsch der Russen geht weiter, Berlin ist eingeschlossen. Der Volkssturm verstärkt seine militärischen Übungen, immer wieder fahren Züge mit Kindern hier durch. Im Dorf liegt eine Kompanie Soldaten. Wer weiß, worauf sie warten. Tag und Nacht gibt es Fliegeralarm, fast ohne Unterbrechung. Hier in den Zimmern erwartet man das Ende des Krieges in diesem oder im nächsten Monat, ich im Mai vielleicht. Der Krieg scheint endlos. Doch die meisten Deutschen scheinen ihrer Sache sicher zu sein. Einer aus dem Flugzeugbau (Ausschuß Material), der „Luftwaffe“ oder „Maus“ oder auch „Mitzgeburt“ genannt wird, behauptet, Frankreich werde in einem Monat erneut von den Streitkräften des Dritten Reichs erobert sein. Wir lassen ihn reden, denn wir kennen ihn. Er hat wohl irgendwo in Russland einen Hirnschaden erlitten.

10.2.1945 – Auch bei der Verpflegung herrscht Endzeitstimmung, d.h. Hunger. Wir bekommen jetzt 1 275 Gramm statt 1 500 Gramm Brot für 3 1/2 Tage. Die Kartoffeln werden knapper. Abends gibt es eine Wassersuppe, auf der zwei Stückchen Rüben schwimmen. Das ist alles schon sehr dürftig, aber bald, so fürchten wir, werden wir wirklich hungern. Wenn das Ende bald kommt, können wir durchhalten, aber wenn es noch Monate dauert, machen wir schlapp.
Seit acht Tagen arbeite ich eine Stunde weniger. Das merkt man schon, aber es gibt wieder kein Frühstück mehr. Eines Mittwoch nachmittags trainiert der Volkssturm der Fabrik (alle „schleuchs“) auf dem Fußballplatz vor unserer Baracke. Sie marschieren im Gleichschritt in kleinen Gruppen, rennen und halten an. Es ist ziemlich albern, diese hinkenden und alten Leute, sogar den Ingenieur zu beobachten, wie sie da spielen wie Kinder, wenn man so sagen kann. Und das auch noch vor Ausländern! Sie hätten sich wirklich einen anderen Platz aussuchen können!

20.2.1945 – Flüchtlinge durchziehen die Straßen seit einigen Tagen. Die typischen deutschen Wagen, vier Räder, mit zwei Pferden davor, vollgepackt und obendrauf die Familie in warme Pelze gehüllt wie die Russen. Seit einem Monat rennen sie und fliehen vor den Angreifern. Angeblich sind es Russen, Polen oder Preußen. Dafür fehlt uns zwar jeder Beweis, aber es ist für uns schon eine kleine persönliche Genugtuung. Die Züge verkehren wie noch nie und transportieren Truppen, Waren und Flüchtlinge. In KdF begegnen sich Züge mit Flüchtlingen aus dem Westen und aus dem Osten. Das ist der Anfang des Zusammenbruchs.
Nun eine kurze, wahre Geschichte: Bei ihrer Abreise aus Litzmannstadt schlachten polnische Flüchtlinge ihr Schwein, verpacken es ordentlich in Tücher und verstauen es im Gepäck auf dem Wagen. Aber – welch ein Pech! – unterwegs stirbt die Großmutter. Was tun? Sie wird in ein Tuch gewickelt und neben das Schwein gelegt, um sie nach der Ankunft zu beerdigen. Eines Morgens – große Enttäuschung! – das Schwein ist weg, und die Oma mit ihm! Man stelle sich das Gesicht der Diebe vor, als sie das Bündel öffnen!

2.3.1945 – Seit über einem Monat hinke ich und kann keine Schuhe anziehen. Das stört mich sehr, denn ich muss immer langsam gehen wie ein alter Mann, kann nicht Fußball spielen oder losgehen, um Geschäfte zu machen. Dabei wird es langsam Zeit, denn meine Lebensmittelvorräte werden von Woche zu Woche kleiner. Zum Glück haben wir die Kartoffeln aus den Speichern der Bauern. Ich kann nicht hin, aber Jacques geht für uns beide. Dummerweise läßt er sich erwischen und muss drei Tage Zwangsarbeit leisten.[53]

8.3.1945 – Ich erhalte eine erste Nachricht aus Balaives vom 2. Oktober 1944. Sie ist zwar nicht neu, aber sehr tröstlich. Wieder und wieder habe ich mir die Frage gestellt, was beim

Rückzug der Deutschen und beim Vormarsch der Amerikaner wohl aus meiner Familie geworden ist. Oft habe ich an den unterirdischen Bunker in Rapiau gedacht, von dem mein Vater mir erzählt hatte.[54]

Ich habe den Brief sofort beantwortet. Es war der vierte Brief, den ich seit Weihnachten nach Hause geschrieben habe.

Ich lese zur Zeit ein sehr interessantes Buch: „Die Wissenschaft bricht Monopole“ von A. Zischka.[55] Es handelt von den wichtigsten Monopolen (Gummi, Baumwolle, Benzin, Metall) und der Überlegenheit von Ersatzstoffen, die das Ende der Monopole bedeuten. Ich habe ein sehr interessantes Kapitel über Kunststoffe gefunden. Dieser deutsche Autor meint, wenn man das 19. Jahrhundert als das eiserne Jahrhundert bezeichnet, könne man das 20. als das Jahrhundert der Kunststoffe bezeichnen.

12.3.1945 – Ich habe sehr interessante Gespräche mit einem italienischen Hauptmann, 23 Jahre alt, Militärinternierter, Architekt und ungemein gebildet auf allen möglichen Gebieten, der in Afrika gelebt und gekämpft hat, auf dem Balkan und in Russland, also ein erfahrener Mann, kein unbeschriebenes Blatt.

Er erzählt uns ganze Nachmittage von Schlachten, an denen er teilgenommen hat – und von anderen – und zwar mit Karten und vielen Details – über Kunst, Musik, Naturwissenschaft und Religion. Er bekennt sich gegen den katholischen Glauben oder besser: bewegt sich an dessen Rand, und da habe ich ziemlich ähnliche Ansichten. Besonders das Alte Testament verwirft er als Fabeln, und auch das Neue scheint ihm zweifelhaft, und zwar in allen Fragen. In der katholischen Religion gibt es zwar den freien Willen, aber es gibt keinen Beweis für die Existenz des freien Willens. Deswegen ist die Grundlage der Religion falsch.

15.3.1945 – Beim „Transport“ arbeiten etwa 10 italienische Offiziere, die sog. „Badoglio“. Aber: Wer würde sie für Offiziere halten? Sie tragen Lumpen, sind schmutzig, erbärmlich, unrasiert und hohläugig. Sie sind diese harte Arbeit nicht gewöhnt und leiden unter den Entbehrungen in ihrem Lager. Die Deutschen ließen sie ohne Pause arbeiten, aber sie weigerten sich. So verringerte man ihre Nahrung von Tag zu Tag, bis auf einen Liter Suppe pro Tag.

Für einen Franzosen, der in Frankreich geblieben ist, muss das völlig unvorstellbar sein, aber hier, was sieht man hier nicht alles! Dies sind Leute der italienischen Elite, herumkommandiert von deutschen Schwachköpfen, die früher Handlanger waren und sie mit Gebrüll und Fausthieben traktieren! Für diese „schleuchs“ ist es sicher eine Genugtuung, Offiziere so zu behandeln; es ist wohl so etwas wie soziale Rache.

20.3.1945 – Die Ereignisse beschleunigen sich: Brückenkopf über den Rhein. Täglich Alarm. Im Schnitt vier am Tag. Immer schlechtere Ernährung. Nur noch zwei Kilo Brot pro Woche. Die Arbeitszeit verringert sich auf 48 Stunden in der Woche. Man spricht von 40 Stunden. Möglich und sehr reizvoll! Die Hälfte der Franzosen aus „Kaffee“ sind nach Gifhorn gekommen und arbeiten im Flugzeuglager. Die Fabrik ist leer, die Zimmer auch, aber ich habe Glück und kann bleiben. In dieser Zeit, wo die Versorgung schwierig ist, bleiben mir noch wenige Vorräte: Nudeln, Konservendosen, Zucker (den gibt es schon seit zwei Monaten nicht mehr), Linsen, Honig, ein Paket Knäckebrot, Speck, Fett, Gauloises, amerikanische Zigaretten, grauer Tabak und Schokolade. Dazu etwa 25 Kilo Kartoffeln, die jeden Tag verschwinden können, bei den vielen Besuchen, die wir von den Deutschen in unseren Zimmern bekommen (gegen unseren Willen). Ich hoffe, mit all dem die Zeit zu überbrücken ... bis zum Ende des Krieges!

23.3.1945 – Ein wahres Sommerwetter. Man kann die Knospen springen sehen. Ich habe vor, schöne Stunden in der Natur von „Kaffee“ zu verbringen, in den Momenten der Freiheit, die uns nun gewährt sind. Welch ein herrlicher Palmsonntag! Die Sonne strahlt, kein Wind, alles grünt, und die Vögel flöten. Wir spielen Fußball auf dem Platz: Holländer, Belgier, Italiener, Franzosen, Russen, und wir verstehen uns gut!
Die großen Tannen und die weißstämmigen Birken, die den Platz umgeben, sorgen für ein schattiges Eckchen. Dort sitzen in kleinen, bunten Gruppen junge Russinnen und singen im Chor, begleitet von Gitarre und Mandoline. Und weit entfernt die deutschen Mütter mit ihren weißen Kinderwagen, die Zwölfjährigen oder die jungen Mädchen – sie wagen es nicht, dem Sonntagsvergnügen zu nahe zu kommen: Das Lager der Ausländer.
Am Abend liege ich auf einer Decke und genieße Phoebus‘ letzte Strahlen, neben mir meine russische Freundin, die nette Natascha. Wir unterhalten uns wie alte Brüder in der Sprache, die für uns die gemeinsame geworden ist: „Le petit Deutsch“ (eine Mischung aus Deutsch, Russisch, Französisch und Gesten). So verstehen wir uns glänzend.

24.3.1945 – Als ich morgens zur Toilette gehe, höre ich einen ungeheuren Lärm am Himmel, der näher kommt. Ein neues, unbekanntes Geräusch. Ich blicke auf, und genau in diesem Moment fliegen zwei Flugzeuge, rasend schnell und laut, über die Fabrik. Der Typ war mir ganz und gar unbekannt. Ist das die neue Waffe, die den Lauf des Krieges wenden soll?[56] (Was ich damals sah, waren zwei der ersten Düsenflugzeuge).

25.3.1945 – Heute morgen große Übung des Volkssturms mit Angriffen etc. Ich sehe Hitlerjungen im Alter von 12 Jahren oder älter, die sich bedenkenlos neben ihren großen Brüdern verausgaben. Die Deutschen sind wirklich ein erstaunliches Volk!
Übungen mit Panzerfäusten auf eine Eisentür nahe bei unserem Lager. Auf 30 Meter haben zwei von fünf Versuchen getroffen. Die andern flogen zu hoch oder zu weit seitlich. Es ist Ende März, April. Wo sind sie? Das ist die Frage, die sich alle wieder und wieder stellen. Sie kommen näher. Wir beraten die Lage und versuchen, aus den vielen Gerüchten die Wahrheit herauszuziehen. Es ist ein großes Ereignis. Man kann nicht mehr schlafen, nicht einmal mehr arbeiten. Flugzeuge fliegen hin und her, schießen, bombardieren. Wir haben abertausend Pläne für die Abfahrt, die Reise, die Ankunft. Die Vorräte werden aufgebracht. Wozu das Zeug aufheben? In ein paar Tagen sind sie da, und dann geht's heim. Aber, wo sind sie?

Die Deutschen sind am Boden zerstört. Unsere Arbeit kann man kaum noch als solche bezeichnen. Die Maschinen werden sabotiert. Man baut ein wichtiges Teil aus und nimmt es mit. Aber sie könnten sich wehren, und das wäre gefährlich für uns. Angeblich haben die Alliierten Hannover erreicht.

4.4.1945 – Große Freude: 40 Panzerfäuste kommen in die Fabrik. Braunschweig wird zur Festung erklärt. Was werden sie mit uns machen? Hoffentlich kommen sie vorher. Aber wo sind sie?
Bei all diesen Ereignissen vergesse ich Natascha ein wenig. Welche Katastrophe! Die arme Kleine war überzeugt, ich würde sie mit nach Frankreich nehmen. Als ich ihr sage, dass ich nicht daran denke, welche Verzweiflung! Welche Tränen!

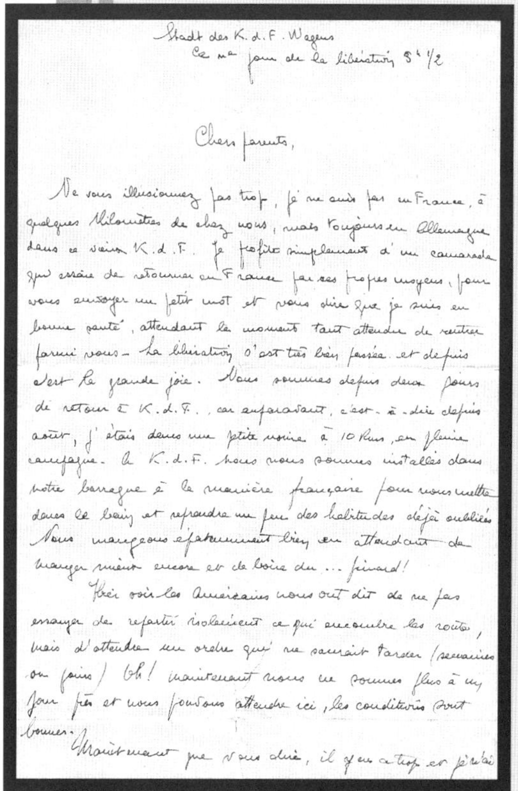
Stadt des K.d.F. Wagens
Ce 2me jour de la libération 8h 1/2

Chers parents,

Ne vous illusionnez pas trop, je ne suis pas en France, à quelques kilomètres de chez nous, mais toujours en Allemagne dans ce vieux K.d.F. Je profite simplement d'un camarade qui essaie de retourner en France par ses propres moyens, pour vous envoyer un petit mot et vous dire que je suis en bonne santé, attendant le moment tant attendu de rentrer parmi vous. La libération s'est très bien passée et depuis c'est la grande joie. Nous sommes depuis deux jours de retour à K.d.F., car auparavant, c'est-à-dire depuis août, j'étais dans une petite usine à 10 kms, en pleine campagne. A K.d.F. nous nous sommes installés dans notre baraque à la manière française pour nous mettre dans le bain et reprendre un peu des habitudes déjà oubliées. Nous mangeons épatamment bien en attendant de manger mieux encore et de boire du ... pinard!

Hier soir les Américains nous ont dit de ne pas essayer de repartir isolément ce qui encombre les routes, mais d'attendre un ordre qui ne saurait tarder (semaines ou jours). Oh! maintenant nous ne sommes plus à un jour près et nous pouvons attendre ici, les conditions sont bonnes.

Maintenant que vous dire, il y en a trop et je n'ai

Brief vom „Tag der Befreiung“ an die Eltern

Periode IV: Frühjahr (Die Befreiung)

Sonntag, 8. April – Die Front rückt näher. Ein Gerücht jagt das nächste. Bei Gifhorn steigen Rauchsäulen auf. Vermutlich Sabotage der Erdölpumpen. Luftkämpfe. Auf den Straßen ein Gewimmel von Wagen, Lkws und Soldaten auf Fahrrädern.
Mein Tiroler-Rucksack ist startklar. Nur das Nötigste an Kleidung, aber Vorräte wie Fleischkonserven, Milch, Fett, Zucker, ein paar Kekse. Egal was passiert, ich will bereit sein, um während, vor oder nach den Kämpfen nach Hause aufbrechen zu können.

10.4.1945 – Strahlendes Wetter. Den ganzen Tag hört man die Geschütze. Alle Deutschen sind betrunken. Kolonnen von Soldaten ohne Gewehr und Verwundete ziehen vorbei. Ein wildes Chaos. Wann ist es soweit?

10.4.1945 – Abends: Artilleriebeschuss in der Nähe. Beeindruckend. Die ganze Nacht weiterhin Bomben auf Braunschweig. Ständig ziehen Truppen vorbei.

Die Bauern von Neindorf bringen uns Verpflegung

11.4.1945 – 9.00: Amerikanische Jagdbomber über den Baumwipfeln. Man hört, KdF sei besetzt. Hier sind sie inzwischen bis Barnstorf vorgedrungen. Das liegt hinter dem Wald. Wir packen singend unsere Sachen fertig. Deutlich hört man Maschinengewehrsalven. Sie müssen jeden Moment hier sein. Die Granateneinschläge kommen immer näher.

11.4.1945 – Nachmittags: Totale Stille. Strahlendes Wetter. Die Zeit des Friedens ist zurückgekehrt. Nur von Zeit zu Zeit schwere Explosionen. Die Autobahnbrücken werden gesprengt.
Um 14.00 Uhr bekommen wir von Bauern Specksuppe und ein Stück Brot. Wir verstehen nicht, was in sie gefahren ist.
Um 15.00 Uhr gibt es Großalarm. Wir müssen evakuieren. Also, „auf zum Gefecht". Ich beschließe, mich mit Georges Chauvineau im Gebüsch zu verstecken, aber Gewehrschüsse im Wald geben uns zu denken.
15.30 Uhr. Gegenbefehl. Allgemeine Freude: Wir bleiben. Sofort werden die Zigaretten und der Fußball herausgeholt. Abend und Nacht sind ruhig.

12.4.1945 – Der Himmel ist bedeckt. Alles ist ruhig. Ist der Krieg aus? Wo sind sie? Was tun sie?
12.00 Uhr. 5-Minuten-Alarm, Wiederaufflammen der Kämpfe von allen Seiten gleichzeitig. Wir sind eingekesselt. Kanonen, Bomben, Panzerfäuste, Maschinengewehre, alles gleichzeitig. Sie kommen! Sie kommen!
14.00 Uhr. Die Bauern tauchen wieder auf und bringen uns säckeweise Kartoffeln, das ist der Gipfel!
15.00 Uhr. Sie sind da!! Sie sind da!!

Wir gehen in die Fabrik und holen uns Verpflegung für 10 Tage. Als wir im 1. Stock in der „Reparatur" sind, ruft jemand: „Die Amerikaner!"
Tatsächlich! Auf der Straße tauchen Panzer, gepanzerte Fahrzeuge und leichte Wagen mit Stern auf. Es gibt keinen Zweifel mehr: Sie sind es! Sofort öffnen sich Fenster und Türen, trotz der Deutschen und trotz Schulz!
Alle klatschen und winken. Sie antworten sehr freundlich. Endlich! Im ganzen Lager ein wahrer Freudenrausch. Sogar der Werkschutz winkt. Der Lagerführer sieht erleichtert aus. Wir sind ihm ewig dankbar, dass er das Lager nicht hat räumen lassen.
Die Deutschen sehen gar nicht so niedergeschlagen aus. Sie haben sie erwartet, und die sind ihnen lieber als die Roten. Auch wir haben sie erwartet, denn seit Mittag lief die Offensive, und wir genießen die Emotionen, die die ferne Schlacht in uns auslöst.
Der Abend wird fröhlich. Am nächsten Morgen hören wir, in KdF hätten die Franzosen den Oberbefehl übernommen, und bewaffnete Kriegsgefangene dienten als Polizei an der Spitze, die in „Zuckerdosen"[57] fahren.
Wir laufen hin, um das zu sehen, und trauen unseren Augen nicht. Unser Delegierter ist zum örtlichen Kommandanten aufgestiegen. Die französische Polizei patrouilliert mit weißer Armbinde in der Stadt. Über den Lagern wehen nationale Fahnen, während auf der Straße ständig amerikanische Truppen vorbeiziehen. Allenthalben hört man Hurra-Rufe von den vereinten Ausländern. Auch die Amerikaner sind begeistert über soviel Entgegenkommen und werfen mit vollen Händen Zigarren und Zigaretten unter die Leute.

Bald holt ein Lastwagen in „Kaffee" eine erste Gruppe Franzosen ab. Ich bleibe zunächst noch, auch wegen Natascha, zu Recht, denn es wird eine fantastische, lustige und traurige Nacht, an die ich noch lange denken werde.
Morgens gingen die Kameraden nach Rohde, um ein Geschäft mit Spirituosen, Wein, Regenkleidung, Autoreifen etc... zu plündern. Nachmittags hören wir, dass am Neindorfer Bahnhof ein Zug mit Paketen steht, über den sich die Russen hergemacht hätten. Das ganze Lager rennt hin. Es entsteht ein wildes Gewirr von Armen, Beinen, Kartons und Papier. Die Pakete werden geöffnet und auf dem Bahndamm geworfen. Alle stürzen sich darauf, reißen alles auseinander, suchen aus, lassen liegen, schwitzen, schreien, prügeln sich und plündern! Wir finden hauptsächlich Lebensmittel.

Ein Kontingent Franzosen, neu eingekleidet, fährt von Neindorf (Kaffee) nach Wolfsburg

Nach einiger Zeit habe ich genug von diesen Aktivitäten und verdrücke mich. Die andern wühlen weiter, vor allem die Russen, die sich neu einkleiden wollen.

Wir kommen spät heim und bereiten uns ein kräftiges Essen mit Konserven und Wein. Bei Einbruch der Nacht, als wir gerade zwei „Häftlinge" aus Buchenwald aufgenommen haben, kommen ein russischer Kriegsgefangener und ein italienischer Offizier und warnen uns vor den Bauern, die noch immer bewaffnet sind. Wir beschließen, eine Wache aufzustellen, und ich werde zum Oberhaupt der Franzosen ausgewählt.

Stündlich wird die Lagerwache abgelöst. Insgesamt sind 12 Männer und drei geladene Revolver im Einsatz. Die andern neun Leute haben Jagdgewehre ohne Patronen, und wir fragen uns, ob wir lachen oder ernst bleiben sollen. Chauvineau jedenfalls nimmt drei Hitlerjungen fest, durchsucht sie und beschlagnahmt ihre Zigaretten. Sie hatten ziemliche Angst.

Wir rüsten gerade unser Zimmer für ein Tanzfest um, als es plötzlich Alarm gibt. Einige Waggons stehen in Flammen. Was tun? Schließlich raffen wir uns auf und gehen zum Löschen, die Hände in den Taschen. Zwei Wagen brennen bereits. Wir koppeln sie vom übrigen Zug ab, und im trüben, flackernden Licht, das Fabrik und Bahnhof erhellt, kümmern wir uns um Hunderte von zerfetzten Paketen, die auf dem Bahndamm liegen. Bei dem Licht kommen die Russen auf ihre Kosten, und es wird wieder geplündert.

Die Waggons sind voll mit Munition und können jeden Moment in die Luft fliegen, und wir befinden uns in umkämpftem Gebiet. Welche Folgen wird diese Geschichte haben?

Zuerst wollen wir uns im Morgengrauen aus dem Staub machen, aber schließlich kommen wir zur Ruhe und warten ab. In Lastwagen werden wir nach KdF gebracht. Wir wohnen im Lager 7 und sehnen uns nach „Kaffee". Aber am nächsten Tag wird der Sektor geplündert, und wir statten unser Zimmer aus. Auf der einen Seite befindet sich die Küche mit Küchenschrank, Herd mit allem Drum und Dran und ein Tisch mit Tischtuch. Auf der anderen Seite das Wohnzimmer mit rundem Tisch, Sofa, Sessel, Radio, Blumen etc. Es ist richtig gemütlich und gefällt uns sehr. Viele besuchen uns und bewundern unsere Einrichtung, und wir empfangen unsere Gäste wie in Frankreich. Wir haben ein komplettes Teeservice und bieten Tee an (englischen übrigens) mit amerikanischer Milch, französischem Gebäck und deutschem Zucker. Zu Hause in Frankreich werden wir solchen Luxus nicht haben und bestimmt nicht so üppige Mahlzeiten.[58] Wir haben

Die 7/1 in ihrem Glanz: Das ist das schöne Leben!

Milch, Eier, Marmelade, Brot und Konservendosen. Wir essen Gans und haben sogar ein Schwein ergattert und zwar bei einer denkwürdigen Expedition.

Mit 13 Leuten und einem Handwagen dringen wir in einen Bauernhof ein und beschlagnahmen im Namen Frankreichs zwei Schweine von 80 Kilogramm.[59] Geschlachtet wird im Pferdestall, dann ziehen wir ab. Die Bäuerin heult hinter uns her. Ich musste mich um die Verwurstung kümmern und bereitete eine Pastete nach einem Rezept aus Cozes zu.

Fast jedes Zimmer verfügt über einen Telefonapparat, zwei Fahrräder oder Motorräder und manchmal sogar ein Auto. Fast alle sind wir neu eingekleidet, entweder in Zivil oder in Uniform. Wir rauchen, soviel wir wollen, Zigaretten, Tabak, Zigarren. Die Lagerbüros, die deutschen Dienststellen, die Post, die Cianetti-Halle, die Gaststätte und fast alle Geschäfte werden geplündert, zuerst von denen, die Möbel oder Lebensmittel brauchen, dann kommen die Zerstörer, die aus Spaß alles kurz und klein schlagen. Fenster, Vasen, Papier, Schreibtische – alles geht zu Bruch und liegt dann verstreut auf den Wegen des Lagers herum. Es ist fast beschämend, dies zu sehen, wenn es nicht Deutsche wären, gegen die sich im Laufe mehrerer Jahre wilde Rachegelüste aufgestaut hatten, bei den Russen noch viel stärker als bei den Nationen des Westens.

Zwei Wochen leben wir so, zwei Wochen Schlemmerei und Nichtstun. Was für ein Arbeitsdienst: Aufstehen um 10.00 Uhr, Mittagessen um 15.00 Uhr, Schlafengehen um 23.00 Uhr, die reinsten Ferien!

Die Kriegsgefangenen sind weg, natürlich überglücklich, denn darauf warteten sie seit über fünf Jahren. Wir, die Zivilen, warten auf einen späteren Tag. Wie werden wir reisen? Im Zug? Im Lastwagen? Im Flugzeug? Wer weiß?! Aber bis dahin machen wir es uns hier bequem. Jeden Tag gibt es wahre Festmähler. Heute, am 25. April, zum Beispiel: Kalbskopf mit Vinaigrette-Sauce, gebratene Kalbskoteletts, Grießbrei mit Rum bis zum Abwinken. Heute abend gibt es Suppe, Schweinebraten, Kartoffelbrei und wieder Grießbrei!! Gestern haben wir ein Kalb geschlachtet, und ich musste Magen und Füße zubereiten wie in Cozes. Morgens gibt es Milchkaffee, Brot mit Butter und Marmelade.

Gestern gab es nochmal ein Fußballspiel gegen die russischen Gefangenen. Wir haben 4:0 gewonnen. Jeden Abend wird bei den Russen und den Polen getanzt. Es ist sehr voll, die Musik undeutlich, aber man tanzt oder besser, schubst sich und tritt einander auf die Füße. Aber egal, alle sind zufrieden. Für den 1. Mai verspricht man uns einen internationalen Ball in der Cianetti-Halle. Psst! Was das wohl wird??

Natascha ist in unser Zimmer eingezogen. Im Moment macht sie gerade große Wäsche für alle Zimmergenossen. Sehr interessant! Sie hat innerhalb von zwei Tagen Radfahren gelernt. Welch ein Spaß, aber mit wie vielen Stürzen! Und blutigen Schrammen! Es ist höchst amüsant, die Russen und Russinnen beim Radfahrenlernen zu beobachten. Sie benutzen die unmöglichsten Räder, sogar ohne Bereifung. Sie haben noch nie so viele gesehen – und liegen alle 10 Meter auf der Nase. Es ist zum Totlachen!

1. Mai – Internationaler Ball in der Cianetti-Halle. Der Saal ist mit den Farben der Alliierten geschmückt. Die russischen Kriegsgefangenen haben ihr Väterchen Stalin nicht vergessen. Sein riesiges Porträt beherrscht das Fest. Toast der befreundeten Nationen, die von zwei Kameraden repräsentiert werden, dann wird den ganzen Nachmittag getanzt. Da kommt Stimmung auf! Der riesige Cianetti-Saal ist voll. Alle wollen dabei sein. In der Mitte ist ein Podest, auf dem das „Orchestre France" spielt, verstärkt von Musikern anderer Nationen, vor allem Russen. Ein unvergesslicher Moment!

2. Mai – Ein weiterer Tag unseres kleinbürgerlichen Lebens endet mit einem Abendspaziergang. Wir suchen Maiglöckchen in den Wäldern um KdF.
Am Abend dieses 2. Mai erhalten wir die Nachricht, dass für den nächsten Tag unsere Abreise vorgesehen ist. Die Koffer springen auf, leeren sich, füllen sich wieder. Die Schränke leeren sich, die Betten dagegen nicht. Das Wohnzimmer verwandelt sich in einen riesigen Müllplatz. Egal, wir fahren morgen. Der Augenblick, den wir seit zwei Jahren ersehnt haben, ist da! Und dennoch trotz der allgemeinen Freude ist jemand in Tränen aufgelöst. Sie wird weinen bis zu meiner Abreise, ... und vielleicht noch danach.
Sie wollte mit mir nach Frankreich ziehen, mich nicht verlassen. Nichts zählte mehr für sie, weder ihr Land noch ihre Schwester, nicht einmal ihre Mutter (wo waren sie überhaupt geblieben?). Aber trotz allem: Ich habe sie nicht mitgenommen.

Im Zug auf der Rückfahrt gibt es viele Russinnen und Polinnen, die mit Franzosen verheiratet sind oder auch nicht. Viele der Franzosen sind zu Hause bereits verheiratet und haben sogar ein Kind. Dennoch bringen sie eine Fremde mit! Was werden diese jungen Mädchen in Frankreich machen? In Deutschland unter den besonderen Umständen war diese Liebe möglich. Aber wenn diese Männer erst ihre Familie, ihre Stadt, ihre Gewohnheiten wiederfinden, was wird dann aus ihrer Liebe werden, aus den sentimentalen Versprechen in Deutschland und aus den Gefühlen, die man dort hatte?

Befreiung! Die Trikolore weht über der Fabrik.

3. Mai – Heute um 19.00 Uhr beginnt die Heimreise. Wir versammeln uns am Bahnhof. In Wirklichkeit stehen wir auf einem Weg des Lagers in Höhe der Sparkasse, so lang ist die Schlange der Wartenden. Dort warten wir auf den Zug, der nicht kommt. Gewaltige Feuer erleuchten die ganze Nacht, mal hier, mal da. Mit Schränken, Tischen, Schreibtischen und Hockern der Kreissparkasse wird ein Freudenfeuer angezündet. Ich verbringe die letzten Augenblicke mit der weinenden Natascha.

4. Mai – Morgens um 7.00 Uhr endlich steigen wir in einen offenen Kohlenwagen. Wir verlassen KdF „fast" ohne Bedauern. Es gibt rührende Abschiedsszenen von all den kleinen Mädels, die einen Franzosen geliebt haben.
Mit dem Wohnzimmerteppich und ein paar Stühlen machen wir es uns gemütlich und sehen die hannoversche Landschaft vorbeifliegen.
Bemerkenswert ist vielleicht, dass der amerikanische Lokführer mit einem Maschinengewehr aus seiner Lokomotive auf Rehe schießt wie im Wilden Westen.
Wir fahren durch Hannover, wo kein Stein mehr auf dem andern steht. Nichts als Ruinen. Die Straßen sind nur noch Steinhaufen mit einem engen Pfad in der Mitte. Das Leben hat diese Gegenden verlassen. Alle deutschen Städte bieten denselben Anblick. Das ist wirklich verbrannte Erde. Später wird man die Ruinen von Deutschland besichtigen, wie man heute Carthago oder Pompeji besucht.
Wir fahren durch Minden, Herford und Bielefeld und kommen Sonntagmittag in Münster an. Der Zug hält oft, denn die Strecke ist nur notdürftig wiederhergestellt und führt über tiefe Bombentrichter. Oft müssen wir Truppen-, Munitions- oder Verpflegungszüge vorbeilassen, denn der Krieg ist noch nicht vorüber. In den großen Bahnhöfen wird unsere Lok zum Rangieren eingesetzt und anschließend wieder an unseren Zug gekoppelt.
Die ganze Fahrt über haben wir Steine im Wagen, die wir im Vorbeifahren nach den Deutschen werfen. Vorher grüßen wir sie mit lautem „Heil Hitler". Alle winken ab und lachen. Einige heben instinktiv den Arm – und lassen ihn schnell wieder sinken. Kinder bewerfen uns mit Steinen, und wir werfen munter zurück.
Hinter Hannover plündern wir die ersten Hühnerställe und jagen nach Hühnern, Gänsen und Kaninchen, denn wir bekommen keine Verpflegung. Die entsetzten Eigentümer tauchen auf, ziehen sich schnell wieder zurück und wagen nicht, sich zu verteidigen. Das ist auch besser so.
Zwei Gartenhäuser werden vorsätzlich angezündet, dabei hätten wir uns diesen Akt der Barbarei eigentlich sparen können. Schließlich hat unser Volk nicht dieselbe Kulturstufe wie die Nation, die wir gerade verlassen.
Hinter Münster verpflegt uns De Gaulles' französische Armee. Ein paar Stunden später geht es weiter. Wir fahren über Krefeld, Mönchengladbach und überqueren bei Nacht die Siegfried-Linie. Bei Sonnenaufgang sind wir in Holland. Unterwegs haben wir auf einer provisorischen Brücke die Weser überquert. Die alte Brücke lag gesprengt im reißenden Fluß. Dort habe ich Bombentrichter von gut und gern 25 – 30 Metern Durchmesser gesehen. Die Waggons waren dagegen winzig.

Im Morgengrauen überquerten wir den Rhein bei Wesel auf einer ebenfalls provisorischen Brücke. Vielen von uns war das gar nicht geheuer. Gleich hinter der Brücke war ein Lager mit ca. 80 000 deutschen Kriegsgefangenen. Sie standen im 20 Zentimeter hohen Schlamm ohne Schutz vor Regen und Wind und versuchten zum Teil, sich mit den Händen oder mit einem Löffel ein schützendes Erdloch zu graben.

In Holland feiert man den Geburtstag der Königin. Überall wird man mit dreifarbigen oder orangenen Fahnen empfangen. Ein sauberes, sehr fröhliches Land. Wir kommen nach Maastricht, dann nach Belgien. Dort bereitet man uns einen ganzen Tag lang einen unvorstellbaren Empfang. An allen Fenstern weht neben der belgischen die französische Fahne. Schon von weitem winken uns alle freundschaftlich zu, und überall hört man: „Vive la Belgique, vive la France, vive De Gaulle!" Unser Zug trägt sogar zu diesem Triumph bei. Er ist offen und dekoriert mit Blumen, Inschriften, Transparenten und Fahnen. Alle stehen und winken wie von Sinnen.

In Lüttich bekommen wir Brot von der Bevölkerung, dieses schöne weiße Brot, das wir seit der Zeit vor dem Krieg nicht mehr gesehen hatten.

In Namur empfängt uns eine riesige Menschenmenge auf dem Bahnhofsplatz. Wir bekommen eine Mahlzeit vom belgischen Roten Kreuz, und junge Mädchen bringen uns Zigaretten.

In der Nacht erreichen wir Jeumont, die erste französische Station, genau am 8. Mai, dem Tag des Waffenstillstandes. Wir sind ganz überrascht, uns in Frankreich wiederzufinden. Sofort fahren wir nach Maubeuge in das zentrale Büro für Wiedereingliederung. Dort gibt es Verpflegung, und früh am nächsten Morgen beginnt man mit den Formalitäten: Identität, Dusche, ärztliche Untersuchung, Proviantausgabe, alles gut organisiert genau richtig für Jungs wie uns, übermüdet und daher etwas abgestumpft.

Am nächsten Tag, Dienstag gegen Mittag, starten wir, Trennung von allen Kameraden, den Freunden in der Gefangenschaft, die besten, die man haben kann.

In Aulnoye steige ich zusammen mit ein paar Männern aus den Ardennen in einen Zug nach Hirson. Von da aus fahren wir nachts mit einem amerikanischen Güterzug weiter nach Metz. Wir schlafen nicht und betrachten die Landschaft. Auf der Höhe von Charleville wird der Zug langsamer, und wir nehmen die Gelegenheit wahr, springen mitsamt Gepäck ab und gehen zum Bahnhof. Auch dort wird uns ein herzlicher Empfang durch die Nachtwache zuteil (einigen ehemaligen Schulkameraden und Kollegen). Um 6.19 Uhr fährt der Omnibus in Richtung Boulzicourt und Balaives.

Ich gehe mit meinem Rucksack durch den Wald, glücklich, die Landschaft meiner Jugend wiederzusehen, aber sehr beunruhigt über das, was mich zu Hause erwartet. Fast ein Jahr lang war ich ohne Nachricht. Was war aus meiner Familie und aus meinem Dorf geworden, nachdem der Krieg darüber hinweggezogen war? Auf der Höhe der Côte d´Eva sehe ich Balaives, unversehrt. Das ist schon mal gut, nur: Was ist mit meiner Familie? Im Dorf treffe ich niemanden. Zu Hause ist meine Mutter völlig überrascht, dass ich schon da bin. Die ganze restliche Familie ist nach Charleville gefahren, um mich auf mein Telegramm hin mit dem Holzvergaserwagen abzuholen. Sie hatten mich natürlich nicht gefunden.

Als alle wieder versammelt waren, herrscht allgemeine Freude. Das Glück ist wieder eingekehrt und alle Angst vergessen. Mutter fragt mich, was sie mir zu essen machen solle. „Eine Milchsuppe und Pommes Frites", ist die Antwort. Nach dem Essen lege ich mich schlafen und erwache erst am nächsten Morgen in meinem schönen, warmen Bett mit frischem, sauberem Bettzeug.
Jetzt mache ich erstmal Ferien und gewöhne mich langsam wieder an das Leben in Balaives und in Frankreich. Für mich ist dieser böse Traum zu Ende. Ich bin wieder daheim und bringe eine gehörige Portion praktische und menschliche Erfahrungen mit, die mir später nützen werden.
Sechs aus Balaives sind schon wieder heimgekehrt. Es fehlen noch Jean Mamelin, Pahon und Emile Emond. Ihre Familien sind beunruhigt.

Hier endet mein kurzer Bericht über schwere und auch weniger schwere Tage.

Wir wollen hoffen, dass so etwas nie wieder passiert.

Balaives, 15. Mai 1945

Anmerkungen

1 Vgl. dazu den Ausstellungskatalog der „Erinnerungsstätte an die Zwangsarbeit auf dem Gelände des Volkswagenwerks". Hrsg. von Volkswagen Kommunikation, Unternehmensarchiv, Wolfsburg 1999, S. 135 – 141, 183.

2 Der Kulturverein Neindorf vermittelte den Kontakt zu Jean Baudet, Jacques Le Franc und anderen Zeitzeugen aus Frankreich, der schließlich zur Übergabe der seit dem Juni 1998 in der Obhut des Vereins befindlichen Dokumente, Fotos und Objekte als „Depositum Jean Baudet" an das Unternehmensarchiv führte. Frau Reinhild Frey hat die erste Version der Übersetzung der „souvenirs" besorgt, Magdalene Brüning die Redaktion des Textes mit wertvollen Hinweisen begleitet. Namens der Volkswagen Kommunikation danken die Herausgeber der „Historischen Notate" dem Kulturverein Neindorf, Frau Frey und Frau Brüning herzlich für ihr Engagement.

3 Ein lebensgeschichtliches Interview mit Jean Baudet wurde am 1. September 2000 in Nizza geführt.

4 Die Fotografien, die Jean Baudet zur Illustration seiner Erinnerungen im Text wie im Anhang eingesetzt hat, stammen durchweg aus der Zeit nach der Befreiung der „Stadt des KdF-Wagens" durch die Amerikaner im April 1945. Die in den „souvenirs" namentlich erwähnten Deutschen sind dokumentarisch in den Unterlagen des Unternehmensarchivs der Volkswagen AG nicht nachzuweisen.

5 Jean Charles, Ceux du TAC. Stadt des KdF-Wagens 1943 – 45, Bordeaux 1945; Erlebnisberichte (in: Depositum Jean Baudet, Unternehmensarchiv Volkswagen AG): Gaetan Bretagne, En attendant la Liberté, Janvier – Mai 1945 (1995), 31 S. mit Anhang; Jacques LeFranc, Mes vingt ans perdus, 7 S. (dt.: Meine verlorenen zwanziger Lebensjahre", 10 S.); Georges Gasc, Ma vie de S.T.O. (Service du Travail Obligatoire). 13 Mars au 19 Avril 1945 à la Volkswagen, 29 S., 1 Zeichnung (in Kopie).

6 Geschrieben hat er dieses Tagebuch vor allem in den arbeitsfreien Stunden nach der Nachtschicht, wenn niemand in der Baracke war. Das Schreiben wurde gerade in den ersten Wochen in der „Stadt des KdF-Wagens" begleitet von permanenter Angst vor Durchsuchungen der Baracke durch den Lagerführer und vor den drohenden Strafen, falls der Kalender gefunden würde. Darum hat er sein Tagebuch ständig im Verborgenen gehalten und darauf verzichtet, den Seiten des Kalenders alles anzuvertrauen.

7 Vgl. Anhang S. 85

8 Vgl. Helga Bories-Sawala: Franzosen im „Reichseinsatz". Deportation, Zwangsarbeit, Alltag, 3 Bde. Frankfurt am Main 1996, Bd. 1, S. 284ff.; Hans Mommsen/Manfred Grieger: Das Volkswagenwerk und seine Arbeiter im Dritten Reich, Düsseldorf 1996, S. 713ff.; Ulrich Herbert: Fremdarbeiter. Politik und Praxis des „Ausländereinsatzes" in der Kriegswirtschaft des Dritten Reiches, Berlin; Bonn 1985, S. 251ff.; Yves Durand: Vichy und der „Reichseinsatz", in: Europa und der „Reichseinsatz". Hrsg. von Ulrich Herbert, Essen 1991, S. 184ff.; Bernd Zielinski: Staatskollaboration. Vichy und der Arbeitskräfteeinsatz im Dritten Reich, Münster 1995.

9 Bories-Sawala, Franzosen, Bd. 1, S. 298ff. Vgl. S. 84

10 Durand, Vichy, S. 190. Vgl. Bories-Sawala, Franzosen, Bd. 1, S. 285ff.

11 Bories-Sawala, Franzosen, Bd. 1, S.246 ff. Vgl. zur Abfolge der vier „Sauckel-Aktionen" 1942 – 1944: „Chronologie des départs de Travailleurs francais en Allemagne", ebda. Dok. 3.8. Vgl. Grafik „Déportations de main-d'oeuvre" (26.4. – 31.12.1943), ebda. Dok. 3.38; Tabelle 43: Männliche und weibliche zivile ausländische Arbeitskräfte nach Staatsangehörigkeit, 30.9.1944, ebda. Dok. 3.14

12 Vgl. Anhang S. 85

13 Vgl. Mommsen/Grieger, Volkswagenwerk, S. 716ff. und Bories-Sawala, Franzosen Bd. 1, S. 285ff.

14 Mommsen/Grieger, Volkswagenwerk, S. 718.

15 Vgl. Anhang S. 84f.

16 Zur Errichtung von Verlagerungsbetrieben des Volkswagenwerks und zur Dezentralisation der Produktion in der letzten Phase des Krieges siehe etwa Mommsen/Grieger, Volkswagenwerk, S. 876 ff.

17 Siehe S. 12. Vgl. Ulrike Jureit: Erinnerungsmuster, Hamburg 1999, S. 43 – 80 und Aleida Assmann: Erinnerungsräume. Formen und Wandlungen des kulturellen Gedächtnisses, München 1999, S. 130 ff.

18 Daniel L. Shacter: Wir sind Erinnerung. Gedächtnis und Persönlichkeit, Reinbek bei Hamburg 1999, S. 496.

19 Nach der Besetzung Nordfrankreichs durch die deutsche Wehrmacht gab es in der NS-Führung Bestrebungen, neben dem Elsaß und Lothringen auch Teile Nordostfrankreichs dem Deutschen Reichsgebiet einzuverleiben. Die neue Grenze sollte vom Genfer See zum Unterlauf der Somme verlaufen. Die kriegsbedingt evakuierten französischen Bewohner der Region wurden nach dem Einmarsch der deutschen Truppen daran gehindert, in das abgeriegelte Gebiet zurückzukehren. In zwei Départements dieser „Zone interdite" Nords, Pas-de-Calais wurden seit Juni 1940 zwangsweise Arbeitskräfte aus bestimmten Jahrgängen rekrutiert, was als Modell für die spätere Einberufungspraxis zum S.T.O diente. Erst Ende 1941 hoben die deutschen Besatzungsbehörden die Blockade der Region auf. Vgl. Bories-Sawala, Franzosen, Bd. 1, S. 261f. und 286; Hans Umbreit: Auf dem Weg zur Kontinentalherrschaft, in: Das Deutsche Reich und der Zweite Weltkrieg, Bd. 5/1, Stuttgart 1988, S. 1 – 345, insb. S. 65ff.

20 Résistance bezeichnet die französische Widerstandsbewegung gegen die deutsche Besatzung und die Vichy-Regierung im unbesetzten Teil Frankreichs, siehe etwa Durand, Vichy, S. 195, Bories-Sawala, Franzosen, S. 305ff.

21 „Auf meiner ersten Reise nach Wolfsburg, die ich nach dem Krieg 1955 mit zwei Freunden und unseren Frauen machte, haben wir unseren kleinen Zwerg wiedergesehen. Im Blaumann arbeitete er an der Maschine, die meine gewesen war. Unser Führer und Dolmetscher von VW war sehr überrascht. Welch eine innere Genugtuung!" [Jean Baudet]

22 Wichtigstes Organ der Überwachung und Kontrolle der ausländischen Arbeitskräfte war neben dem militärischen Abwehrbeauftragten der betriebseigene Werkschutz, der aus dem 1937/38 zur Bewachung des Fabrikbaus abgestellten Sondersturm „Volkswagenwerk" hervorging. Die SS-Wache gehörte zur Allgemeinen SS, wurde aber

vom Volkswagenwerk finanziert. Am 1. Januar 1940 wurde die SS-Wache in den Werkschutz überführt. Das Wachkommando hatte Anfang 1942 eine Stärke von 120 Mann und wurde im September 1943 im Zuge der ansteigenden Ausländerbeschäftigung abermals verstärkt. Der Werkschutz war nicht nur für die Sicherheit der Werksanlagen, sondern auch für die Bewachung der Ostarbeiter- und Polenlager, später für die Ausländerlager allgemein zuständig, siehe Mommsen/Grieger, Volkswagenwerk, S. 534ff.

23 Die Cianetti-Halle war eine hölzerne Versammlungshalle im „Gemeinschaftslager", die sowohl „Gemeinschaftsaufgaben" und Repräsentationszwecken diente als auch für kulturelle Veranstaltungen (Filmvorführungen, Varieté- und Operettenaufführungen, Boxkämpfe, Wochenschauen) genutzt wurde. 1938 im Zusammenhang mit der Anwerbung italienischer Arbeitskräfte errichtet, erhielt die Halle nach der Ankunft der ersten Italiener ihren Namen nach Tullio Cianetti, dem Vorsitzenden der „Confederazione Fascista dei Lavatori dell´Industria" (CFLI), mit dem Robert Ley als Chef der Deutschen Arbeitsfront (DAF) die Verabredungen zum Einsatz italienischer Arbeiter beim Aufbau von Stadt und Werk getroffen hatte, Mommsen/Grieger, Volkswagenwerk, S. 283ff.

24 Den ausländischen Arbeitern war es möglich, Postverkehr mit ihren Angehörigen zu unterhalten, solange Postverbindung in die besetzten Gebieten bestand. Zivilarbeiter durften ohne Beschränkung Briefe und 1-Kilogramm-Päckchen sowie maximal jeden zweiten Monat ein 20-Kilo-Paket erhalten. Allerdings unterlagen die Briefe einer Vorzensur in den Lagern und einer Zensur durch „Auslandsbriefprüfstellen" (ABP). Die umfangreichen Postmengen wurden stichprobenartig kontrolliert und auf Geheimtinten untersucht. In den weitaus meisten Fällen wurde der von der ABP beanstandete Briefe einbehalten, ohne dass Absender oder Adressat etwas davon erfuhren. Vgl. Herbert, Fremdarbeiter, S. 285f. und Bories-Sawala, Franzosen, Bd. 2, S. 66ff.

25 Das Lager 18 auf dem Werksgelände war ein betriebliches Straflager mit je einer Abteilung für Männer und Frauen. Strafarbeiten, Prügel oder der berüchtigte „Strafbunker" waren dort die Regelsanktionen, Mommsen/Grieger, Volkswagenwerk, S. 733 f.

26 Das Lager 21, ein Arbeitserziehungslager der Gestapo, war als Straflager für die Reichswerke Hermann Göring in Watenstedt errichtet worden. Die Inhaftierten wurden dort zwischen 21 und 60 Tagen unter härtesten Bedingungen eingesperrt und mit drakonischen Maßnahmen bestraft. Den Insassen wurde in der Mehrzahl der Fälle „Arbeitsunwilligkeit" oder „Arbeitsbummelei" vorgeworfen. Sie mussten schwerste körperliche Arbeit leisten und waren dabei dem Hunger und zusätzlichen Repressalien ausgesetzt. Der Holländer Gerriet de Vries notierte im August 1943 in seinem Tagebuch über die Rückkehr von 40 Verhafteten aus dem Lager 21: „Heute sind die Jungs aus dem Straflager zurückgekommen. Sie sehen aus wie, ja wie wohl? Man kann es nicht beschreiben. Sie dürfen sich nicht darüber auslassen, was sie mitgemacht haben, aber ihr Äußeres sagt alles." Sie wurden „andere Menschen in diesen drei Wochen." Vgl. Mommsen/Grieger, Volkswagenwerk, S. 734ff.; Gabriele Lotfi: KZ der Gestapo. Arbeitserziehungslager im Dritten Reich, Stuttgart 2000, S. 75ff.; Gudrun Pischke: „Europa arbeitet bei den Reichswerken". Das nationalsozialistische Lagersystem in Salzgitter, Salzgitter 1995, S. 243ff.

27 Vgl. dazu die Meldung des Lagerleiters der „Petain-Jugend. JOFTA" vom 20. Oktober 1943, die Jean Baudet ausdrücklich der Disziplinargewalt der französischen Verantwortlichen in der Stadt des KdF-Wagens unterstellt und damit der Bestrafung durch den Werkschutz entzieht (Anhang S. 84).

28 Eine Form, sich dem Dienst in der STO zu entziehen, war das „réfractariat différe", die Flucht aus Deutschland oder die Entscheidung der Heimaturlauber, nicht an ihren Arbeitsplatz in der deutschen Industrie zurückzukehren. Die Quote der STO-Verweigerer war hoch: In der Zeit von Anfang bis Mitte 1943 kehrten von insgesamt 46 418 Urlaubern 19 638, also 42,3 % nicht nach Deutschland zurück. Vom 15. Juli bis Ende August 1943 waren es 34 140 Arbeiter, von denen 28 718 (84%) in Frankreich blieben. Vgl. Bories-Sawala, Franzosen, Bd. 1, S. 314f.; ebd., Bd. 2, S. 319ff.; Herbert, Fremdarbeiter, S. 309ff.

29 Die unzureichende Versorgung der ausländischen Arbeiter, vor allem der „Ostarbeiter" und der sowjetischen Kriegsgefangenen, sorgte für einen regen Tauschhandel, an dem sich auch Deutsche beteiligten. Ging es „Ostarbeitern" zumeist um die Aufbesserung ihrer miserablen Ernährungssituation, konnte der Tauschhandel auch dazu dienen, ansonsten unerreichbare Artikel zu erhalten. Je schlimmer die Mangelsituation in den Lagern wurde, desto begehrter wurden Schwarzmarktwaren. Die Polizei hatten wegen des Tauschhandels und des Schwarzmarkts Sicherheitsbedenken, da viele Deutsche auf diesem Wege direkten Kontakt mit ausländischen Arbeitern hatten. Deshalb kam es gelegentlich zu rigoroser Verfolgung, Vgl. Herbert, Fremdarbeiter, S. 296ff. und Mommsen/Grieger, Volkswagenwerk, S. 751f.

30 Die Errichtung des Volkswagenwerkes in der Stadt des KdF-Wagens wurde tatsächlich ohne jegliches Kapital aus den USA, sondern im wesentlich durch Staatskredite und Vermögenswerte der Deutschen Arbeitsfront finanziert, die sich u.a. aus dem beschlagnahmten Vermögen ehemals gewerkschaftlicher Unternehmen bediente. Mommsen/Grieger, Volkswagenwerk, S. 203ff.

31 Pietro Badoglio (∗ 28.09.1871 in Grazzano Monferrato bei Alessandria, † 01.11.1956) war Leiter des italienischen Generalstabs und wurde nach Mussolinis Sturz von König Viktor Emmanuel III. zum Regierungschef ernannt. Am 3. September 1943 schloss Badoglio einen Waffenstillstand mit den Alliierten, die bereits nach Italien einmarschiert waren. Daraufhin setzten deutsche Truppen mehrere Hunderttausend italienische Soldaten mit Waffengewalt fest, die ins Deutsche Reich deportiert wurden, um ihre Arbeitskraft auszunutzen. Anfang Oktober 1943 kamen etwa 1 000 der „italienischen Militärinternierten" aus dem Stalag Fallingbostel XI B in das Volkswagenwerk. Man nannte sie „Badoglios". Vgl. Mommsen/Grieger, Volkswagenwerk, S. 720ff. und Bories-Sawala, Franzosen, Bd. 2, S. 472ff.

32 TAC: „Tire au cul" (= Drückeberger). Vgl. zu den Formen der Resistenz und Arbeitsverweigerung den bei einem französischen Zivilarbeiter gefundenen Kettenbrief mit dem Titel „Zehn Gebote des vollkommenen französischen Arbeiters" vom Mai 1944: „1. In der Werkstatt langsam gehen. 2. Am Feierabend sich beeilen. 3. Den Abort oft aufsuchen. 4. Nicht zuviel arbeiten. 5. Den Meister ärgern. 6. Den schönen Mädchen den Hof machen. 7. Den Arzt oft besuchen. 8. Nicht mit Urlaub rechnen. 9. Die Reinlichkeit lieben. 10. Immer Hoffnung haben." Herbert, Fremdarbeiter, S. 299.

33 Für Arbeiter, die Postpakete empfangen konnten, stellten die darin enthaltenen Lebensmittel eine wichtige Ergänzung der täglichen Nahrungsrationen dar, sofern die Güter nicht für den Tauschhandel genutzt wurden. Vgl. Bories-Sawala, Franzosen Bd. 2, 54 ff. Der Schriftwechsel mit den Familien bildete eine wichtige emotionale Stütze für die mentale Situation der Betroffenen. Dafür sind die im Depositum Baudet enthaltenen Briefe der Eltern und des Onkels eine zentrale Quelle. Eine wissenschaftliche Aufarbeitung der privaten Korrespondenz steht noch aus.

34 Vgl. Anhang S. 76f.

35 Der Vorgang konnte bislang dokumentarisch nicht nachgewiesen werden. Siehe zur Behandlung abgeschossener amerikanischer Piloten etwa Günter Neliba: Lynchjustiz an amerikanischen Kriegsgefangenen in der Opelstadt Rüsselsheim (1944). Rekonstruktion einer der ersten Kriegsverbrecher-Prozesse in Deutschland nach Prozeßakten (1945 – 1947), Frankfurt am Main 2000.

36 „Tatsächlich war Fitt vom Lagerführer erwischt worden, als er einen englischen Sender hörte. Er wurde daraufhin vom Sondergericht Hannover zu einer Haftstrafe verurteilt und erst von den Amerikanern im April 1945 befreit." [Jean Baudet]

37 „Wir konnten wirklich nicht glauben, dass am 6. Juni eine wichtige Landung stattgefunden hatte." [Jean Baudet] Demgegenüber diskutierte die deutsche Bevölkerung ausgiebig die lange erwartete Landung in der Normandie, die verbreitet als Entscheidungsschlacht angesehen wurde, in die das Deutsche Reich mit „Geheimwaffen" eingreifen werde, siehe Meldungen aus dem Reich. Die geheimen Lageberichte des Sicherheitsdienstes der SS 1938 – 1945. Hrsg. von Heinz Boberach, Bd. 17, Herrsching 1984, S. 6571ff.

38 „Wir wurden einige Tage zuvor gegen Typhus geimpft. Wir hatten keine Kraft mehr. Wir haben vermutet, dass die Leitung des V.W.W. das Spiel dementsprechend angesetzt hatte: Die Deutschen konnten es nicht riskieren, gegen die 'Ausländer' zu verlieren." [Jean Baudet]

39 Gemeint ist das Sockelgeschoss im Parterre des Werkes. Die Flächen dienten vor allem als Logistikräume und Vorratslager für die Versorgung der im Hallengeschoss befindlichen Fertigungsstrassen und Produktionsbereiche. Außerdem befanden sich im Sockelgeschoss der Hallen, häufig als „Keller" bezeichnet, Versorgungsleitungen, Waschkauen sowie Luftschutzanlagen, Mommsen/Grieger, Volkswagenwerk, S. 262f.

40 „Wenn die Mannschaft auswärts spielte, hatte ich von meinem Meister die Erlaubnis erhalten, am Sonntagabend die Arbeit nicht wieder aufnehmen zu müssen. Oft kamen wir sehr spät zurück. Ich arbeitete erst am Montagabend wieder und gewann einen Ruhetag." [Jean Baudet]

41 „Die Schutzräume des Lagers bestanden aus einem Graben im Rasen, der mit Knüppelholz und einer 20 cm dicken Erdschicht abgedeckt war. Das war ausreichend bei Bombensplittern und der Flak. Auf der anderen Seite der Straße hatte eine Bombe einen Trichter in der Erde gegraben, war aber nicht explodiert. Sie war mindestens 1,50 Meter lang und 40 Zentimeter dick." [Jean Baudet]

42 Zur antisemitischen Ausrichtung des Spielfilms „Jud Süß" des Regisseurs Veit Harlan siehe etwa Dorothea Hollstein: „Jüd Süß" und die Deutschen. Antisemitische Vorurteile im nationalsozialistischen Spielfilm, Frankfurt/M. 1983; Stefan Mannes: Antisemitismus im nationalsozialistischen Propagandafilm. Jüd Süß und Der ewige Jude, Köln 1999.

43 „Morgens brachte mir die Sekretärin des Meisters manchmal eine Flasche Milch. Das gab es nicht für jeden. Die Milch war köstlich wie Nektar." [Jean Baudet]

44 „Vor Monaten hätte ich nie gewagt, dies in meinen Taschenkalender zu schreiben. Ich hatte Angst vor einer Kontrolle und vor den Konsequenzen. Nun war die Lage entspannter, und man fühlte sich weniger ängstlich." [Jean Baudet]

45 Vgl. zur Swing-Jugend als Form resistenten Verhaltens etwa Ulrike Jureit: Jugendopposition im Dritten Reich, Münster 1988; Susanne Heitker: Die Hamburger Swing-Jugend. Eine Jugendsubkultur im Spiegel lebensgeschichtlicher Interviews, Hamburg 1999.

46 „Der Bereich Flugzeugbau in der Mitte des Werkes war spezialisiert auf die Reparatur beschädigter Flugzeuge und auf die Herstellung des Aufbaus der V 1. Manchmal kann man die ein oder andere außerhalb der Fabrik stehen sehen. An der V 1 arbeiteten nur Häftlinge aus den Konzentrationslagern." [Jean Baudet]

47 „Von diesem Tag an mussten wir auf der Straße von Wolfsburg zum Tor am Kraftwerk ins Werk gehen. Die Strecke war gut viermal so lang wie vorher." [Jean Baudet]

48 „Jean Miquel hat mir gegenüber zugegeben, er habe niemals verstanden, weswegen er bestraft wurde. Vermutlich wollten die SS-Männer nur ihren Spaß haben. Zum Glück hat Jean die Folter relativ gut überstanden. Er war Sportlehrer." [Jean Baudet]

49 Gemeint ist hier offenbar der im August 1944 befohlene Ausbau des früheren Westwalls zu einer Verteidigungslinie gegen die westallierten Truppen, siehe etwa Kriegstagebuch der Oberkommandos der Wehrmacht (Wehrmachtsführungsstab). Hrsg. von Percy Ermst Schramm, Bd. 4/1, Herrsching 1982, S. 379ff.; Klaus-Dietmar Henke: Die amerikanische Besetzung Deutschlands, München 1995, S. 125f.

50 Der 11. November wurde vor der deutschen Besetzung in Frankreich als Feiertag zur Erinnerung an den Sieg über Deutschland und den Waffenstillstand von 1918 begangen.

51 „All diese Lebensmittel gab es natürlich nur in ganz kleinen Mengen. Schon der Name ließ uns träumen. Sie waren von einzelnen gesammelt und bei den Gefangenen gegen Zigaretten getauscht worden. Die Gefangenen bekamen Pakete von den Amerikanern und vom Roten Kreuz." [Jean Baudet]

52 „Diese Schuhe bestanden aus einer Holzsohle und einem Schaft aus grobem Tuch. Holzsandalen hatten über der Holzsohle ein kurzes Stoffoberteil ähnlich wie Clogs." [Jean Baudet]

53 Jean Baudet benutzt an dieser Stelle erstmalig und einmalig den Begriff 'Zwangsarbeit': „Je ne peux y aller, mais Jacques y va pour deux. Manque de 'pot', il se fait piquer, et fais trois jour de travail forcé."

54 „Ein unterirdisches Versteck in einem Hügel nahe der Fabrik 'La foulerie', in dem die Artillerie 1939 Munitionsvorräte angelegt hatte." [Jean Baudet]

55 Anton Zischka, Die Wissenschaft bricht Monopole, Leipzig 1936. Das Buch erschien im Goldmann-Verlag und erreichte bis 1940 eine Auflage von 200 000 Exemplaren.

56 Zu den Düsenflugzeugen der Luftwaffe siehe etwa Ralf Schabel: Die Illusion der Wunderwaffen. Die Rolle der Düsenflugzeuge und Flugabwehrraketen in der Rüstungspolitik des Dritten Reiches, München 1994.

57 „'Zuckerdose' ('boites à sucre') – Name, den Franzosen für die Kübelwagen vergeben haben, die in KdF normalerweise gefertigt wurden und den amerikanischen Jeeps entsprechen." [Jean Baudet]

58 „Diese ganzen Dinge haben wir aus den verlassenen Baracken eines Nachbarlagers geholt. Dort hatten Lagerführer, Verwaltungskräfte und ein paar 'Kollaborateure' gewohnt, die recht gut eingerichtet waren. Außerdem haben wir dort Lebensmittelvorräte gefunden." [Jean Baudet]

59 „Chauvineau, der Chef der Bande, mit Filzhut und langem Regenmantel, trug die blau-weiß-rote Armbinde und stellte bei der Beschlagnahme eine falsche Bestätigung aus." [Jean Baudet]

60 „Russisch: Ich liebe Dich." [Jean Baudet]

61 „Anspielung auf den Chef vom Werkschutz, ein magerer Mann mit Brille, den wir 'Totenkopf' nannten. Er besuchte die Vorstellung mit allen 'Honoratioren'." [Jean Baudet]

Fotonachweis:

Depositum Jean Baudet (Unternehmensarchiv Volkswagen AG):
Titel S. 1, 5, 20, 22, 27, 31, 41, 46, 61–63, 65, 78–83

Volkwagen AG, Unternehmensarchiv, Wolfsburg:

Titel, S. 18, 21

Anhang – Einige Texte von Varieté-Vorführungen in „Kaffee" (Dezember 1944)

Refrain der Veranstaltung „Kaffee Natur":

Kaffee, Natur-Kaffee
Im alten Schuppen gibt's Juch he!
Wir sind nicht reich, nicht elegant,
doch gibt's zu lachen allerhand.
Vergiss die Schufterei,
Maschin' und Polizei.
Behaltet den Humor
Und singt mit uns im Chor.....

(nach der Melodie des franz. Liedes
„Venez dans mon rancho!".....)

Finale der Dezember-Revue

Nun, Freunde, das war's für heut' Nacht.
Schon ist wieder ein Tag hier vorbei.
Wie wir sehn, hat's Euch Freude gebracht
Mit Gesang und Träumerei.
Doch ist's schöner daheim, das ist wahr,
wenn im Kreis der Familie wir speisen.
Mögt Ihr Weihnachten in einem Jahr
voller Freude das Schicksal preisen
Alle hoffen wir auf diese Chance.
Vive la France!

(Melodie: Amerikanischer Marsch)

Das Gespenst

1) Zwei Schatten schlendern Arm in Arm,
– Hör zu, mein Liebchen, trallala –
Zwei Schatten schlendern Arm in Arm,
durch eine Mainacht, mild und warm.
2) Auf einem Hügel, weich und grün
– Hör zu, mein Liebchen, trallala –
Auf einem Hügel, weich und grün
Da sanken die zwei Schatten hin.
3) „Ya lou blou",[60] sprach die Stimme süß,....,....,
„Umarme mich, dass ich Dich küß!"
4) Die Schatten schmolzen hin, vereint,...,...,
Vor Liebe ward gejauchzt, geweint.
5) Da tönt ein Schrei! Was ist? Was soll's?,...,...,
Er kam aus finstrem Unterholz.
6) Und plötzlich hat die finstre Nacht,...,...,
eine Gestalt hervorgebracht.
7) Die Mütz', die Brille,[61] oh Malheur!,...,...,
er ist's. Nur fort! Er kommt hierher!
8) Die Schatten springen auf, und – hop,...,...,
sieht man uns fliehen im Galopp.
9) Und schon sieht man hinter den Hecken,...,...,
zwei andre Schatten sich verstecken,
10) Ganz fest umschlungen und noch mehr,...,...,
doch das gehört nicht mehr hierher.

(Melodie: „Un fiacre allait trottinant")

Der „Kaffee"-Krimi

Bei uns im Müll, so vor drei Tagen,
was seh' ich da? Ein Zeitungsblatt!
Na prima, höre ich mich sagen,
wie gut, wenn man auch Tabak hat.
Wir werden Zigaretten drehen,
auch manchen Freund damit versehen.
Ich lese – : Ach so ist die Sache!
Die Zeitung ist in deutscher Sprache.
Halt! Oben in der einen Eck!
Zwischen zwei Klecksen Taubendreck
Les' ich – man wagt's nicht auszusprechen –
In dicken schwarzen Großbuchstaben
„Kaffee" und „Neindorf" und „Verbrechen"
(Ob sie den Täter wohl schon haben?)
„Ist er nun Opfer oder Täter?"
Nach Sonnenaufgang, wenig später,
entdeckte jemand im Pissoir,
das reserviert für „Ausländer",
den grausen Leichnam eines Toten.
Der lag dort auf dem Bretterboden.
Das Blut rann schwer auf's Holz wie Brei.
Fern blieb man stehn, rief „Oh" und „ih"!
Es roch wie in der Schlachterei
Und ziemlich stark auch nach Pipi,
nach strengem Wildgeruch, ja und
ein bißchen auch nach totem Hund.
Das Opfer fragt – noch ganz benommen,
so plötzlich war der Tod gekommen –
die Leute, die es nun umgeben:
„Bin ich nun tot oder am Leben?"
Schnell wird die Klinik alarmiert.
Dann bringt man mit Geschrei ihn fort,
bevor der arme Kerl krepiert,
an einen hygienisch'ren Ort.

Und man vergißt auch nicht dabei
Die Meldung an die Polizei.
Durch den Bericht höchst echauffiert
mit der ihm eignen Eleganz
kommt „Totenkopf“ heranmarschiert
zur Aufnahme des Tatbestands:
ein Russe war's, ein Bild von Mann
und – das ist selten – Polizist!
„Man wird's unter Kollegen regeln,“
Sagt „Totenkopf“, „weil's besser ist.“
„Was hast du denn, mein Kleiner sprich!
Was hat der Schurke Dir getan?“
„Ich stand da, pisste, freute mich.
Plötzlich: drei Stiche in die Brust!
Dann war mir nur noch Nacht bewußt.“
Die Tat ist schlimm, der Fall ist schwer.
„Nun sag mir noch: Wer war der Herr?“
„Sah niemanden. Hab keinen Feind.
Hab nur, was recht ist, stets getan.
Der Gummistock – nicht bös gemein
Nur selten brüllte ich wen an.
Strafzahlungen – nicht zu vermeiden.
Doch das sind alles Kleinigkeiten.
Ein Zeuge, der gut informiert,
berichtet, dass vor einiger Zeit
er unsern Toten observiert
der einen Schleifstein hielt bereit.
Drauf wetzte er, – so stehn die Dinge –
scharf eines Messers lange Klinge.
„All right“, jetzt wird es interessant.
sagt unser Sherlock Holmes gebannt.
Die Pfeif' im Mund, die Händ' im Rücken
will er ihm das Gehirn zerstücken.

Sein Schritt im Raum erdröhnt gewichtig:
„Mord oder Selbstmord – was ist richtig?
Bei jedem Fall spricht viel dafür.
Ich denk wohl, dass es Selbstmord ist,
dann spar ich die Recherchen mir
Denn schließlich bin ich Polizist
und möchte nicht wie dieser enden.
So werden wir das Blättchen wenden.
Das wird für uns das Beste sein:
„Selbstmord“. Der Tote: „Unbekannt.“
meld' ich bei KdF per Schein
und geb' die Sache aus der Hand
und rette so – ich sag's nicht laut –
auch schließlich meine eigene Haut.
Nie mehr geh ich auf das Pissoir,
das reserviert für „Ausländer“.
Mein Zeitungsblatt, ich werd' es retten,
damit's nicht brennt als Zigaretten.
Ich steck's in meinen Rock zurück
Als Witzblatt und Erinnerungsstück.

Kaffee, 1.1.1945

Der „Krimi“ basiert auf einem
damals umlaufenden Gerücht,
man habe einen sterbenden
ukrainischen Hilfspolizisten
auf dem WC der Fabrik gefunden.
Aber das Ganze blieb mysteriös,
und bald war nicht mehr davon die Rede.

Jean Baudet
Stadt des KdF-Wagens
bei Fallersleben
Gem. Lager 9/15

19. März 1944

Liebe Eltern,

es regnet. Ein leichter Westwind weht in Böen. Eigentlich müsste ich heute Morgen arbeiten, aber ich gehe nicht hin. Statt dessen war ich im Wolfsburger Schloss und habe mir einen Vortrag über deutsche Musik angehört, bei dem auch Musikbeispiele vorgetragen werden. Wir betraten den Hof der alten Burg durch eine massive Eichentür in Form eines gotischen Spitzbogens. Sie führte zu einer Steintreppe. Auch die niedrige Decke darüber war ein Gewölbe aus Spitzbögen und weiß gekalkt. Wir steigen einige Etagen hoch, und auf jedem Treppenabsatz sahen wir durch die kleinen Scheiben eines Fensters die norddeutsche Ebene, die uns jedesmal flacher und grauer erschien. Schließlich erreichten wir ein Vorzimmer mit Gemälden, Kopien großer deutscher und holländischer Meister.

Ein „Herr“ bat uns, in einen altmodischen Salon einzutreten. Die großen Fenster waren mit roten Portieren dekoriert, dazu vergoldete Sessel mit roten Seidenbezügen. Vor einer Büste des Führers standen zwei wunderbare Flügel. Den Vortrag hielt ein Professor, der wie ein Künstler wirkte: Weißes Haar, hohe Stirn, goldgefaßte Brille, Schnurrbärtchen, Fliege unterm Kinn. In leicht verständlichem Deutsch sprach er zu uns über Haydn, Mozart, Beethoven und Wagner. In einer Ecke saß in einem Lehrerstuhl eine Dame um die 60 im langen schwarzen Abendkleid mit etwas Spitze, Samtschuhen und einem großen Anhänger an ihrer Halskette. Als ich eintrat, hatte ich spontan den Wunsch, mich vor ihr zu verneigen und ihr die Hand zu küssen. Sie erschien mir wie eine alte Baronin, die einen Empfang gibt.

Aber sie war die Pianistin, die uns eine eindrucksvolle Interpretation der Pathétique von Beethoven gab. Sie spielte übrigens hervorragend. Dann spielte sie Wagner, eine völlig andere Art von Musik. Und draußen fiel der Regen, und der Wind zerrte an den zarten Zweigen der Kastanien im Park. Uns aber schützten die doppelten Fenster des Schlosses.

Ich habe diese Woche Euren Brief vom 26. Februar bekommen und ein Päckchen mit Wildschweinpastete. Das sind ja schöne Aussichten: Euer Paket mit den Waffeln und dem Plakat von St. Meunice steht noch aus.

Gestern haben wir zum zweiten Mal gegen die Hitlerjugend gespielt, Bengels zwischen 15 und 17 Jahren. Sie haben uns 3:1 geschlagen. Das Tor habe ich geschossen mit der Wut der Verzweiflung. Dabei verlief das Spiel genauso korrekt wie das vorhergehende.

Es ist nicht mehr so kalt. Nach diesen Regentagen wird sich wohl der Frühling zeigen. Es hat schon lange nicht mehr gefroren, aber meistens ist der Himmel grau. Man könnte melancholisch werden, wenn man mehr Zeit hätte ihn zu betrachten.

Um 15.00 Uhr will ich versuchen, ob ich noch einen Platz in einem Konzert bekommen kann, ein Orchesterkonzert diesmal.

Wenn es nicht klappt, mache ich meine Post fertig, bügle dann ein bisschen mit einem selbstfabrizierten Bügeleisen und lese etwas auf meinem Bett bis es soweit ist, dass ich genüsslich die Bohnen verspeisen kann, die im Topf auf dem Herd schmurgeln.

Mit Vergnügen habe ich Michels Prüfungsergebnisse zur Kenntnis genommen.

Das ist ja gar nicht schlecht!

Bis nächsten Sonntag!

Jean

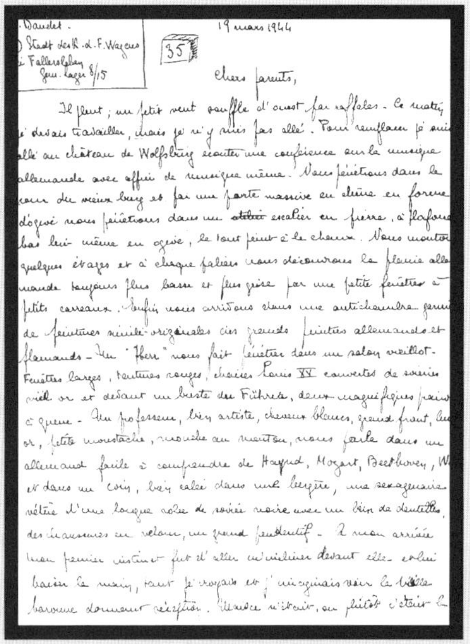

Daudet.
Stadt des K.d.F. Wagens
Fallersleben
Gem. Lager 8/15

19 mars 1944

35

Chers parents,

Il pleut ; un petit vent souffle d'ouest par rafales. Ce matin je devais travailler, mais je n'y suis pas allé. Pour remplacer je suis allé au château de Wolfsburg écouter une conférence sur la musique allemande avec appui de musique même. Nous pénétrons dans la cour du vieux burg et par une porte massive en chêne en forme d'ogive nous pénétrons dans un ~~atelier~~ escalier en pierre, à plafond bas lui-même en ogive, le tout peint à la chaux. Nous montons quelques étages et à chaque palier nous découvrons la plaine allemande toujours plus basse et plus grise par une petite fenêtre à petits carreaux. Enfin nous arrivons dans une antichambre garnie de peintures [illegible] des grands peintres allemands et flamands. Un "Herr" nous fait pénétrer dans un salon vieillot. Fenêtres larges, tentures rouges, chaises Louis XV couvertes de soieries [illegible] or et devant un buste du Führer, deux magnifiques pianos à queue. Un professeur, bien artiste, cheveux blancs, grand front, lunettes or, petite moustache, mouche au menton, nous parle dans un allemand facile à comprendre de Haydn, Mozart, Beethoven, W[illegible] et dans un coin, bien calée dans une bergère, une sexagénaire vêtue d'une longue robe de soirée noire avec un [illegible] de dentelles, des chaussures en velours, un grand pendentif. À mon arrivée mon premier instinct fut d'aller m'incliner devant elle et lui baiser la main, tant je croyais et j'imaginais voir la vieille baronne donnant réception. Madame n'était, ou plutôt c'était la

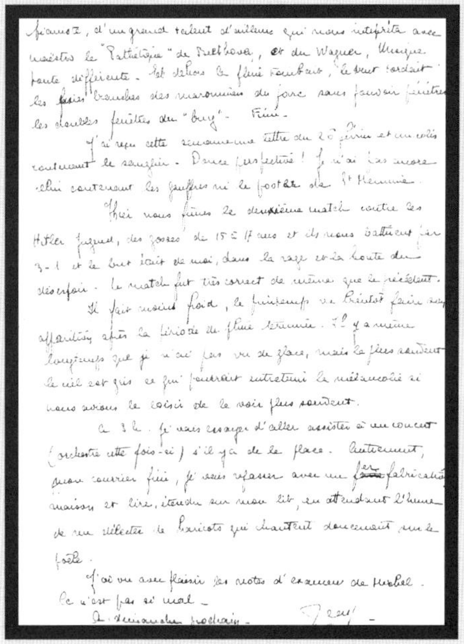

pianiste, d'un grand talent d'ailleurs qui nous interpréta avec maestria la "Pathétique" de Beethoven, et du Wagner, musique toute différente. Et dehors la pluie tombait, le vent tordait les [illegible] branches des marronniers du parc sans pouvoir pénétrer les doubles fenêtres du "burg". Fini.

J'ai reçu cette semaine ma lettre du 20 février et un colis contenant le sanglier. Douce perspective ! Je n'ai pas encore celui contenant les gaufres ni le poste de St Hermine.

Hier nous fîmes le deuxième match contre les Hitler Jugend, des gosses de 15 à 17 ans et ils nous battirent par 3-1 et le but était de moi, dans la rage et la honte du désespoir. Le match fut très correct de même que le précédent.

Il fait moins froid, le printemps va bientôt faire son apparition après la période de pluie terminée. Il y a même longtemps que je n'ai pas vu de glace, mais le plus souvent le ciel est gris ce qui pourrait entretenir la mélancolie si nous avions le loisir de le voir plus souvent.

À 3 h. je vais essayer d'aller assister à un concert (orchestre cette fois-ci) s'il y a de la place. Autrement, mon courrier fini, je vais repasser avec un ~~[illegible]~~ fer fabrication maison et lire, étendu sur mon lit, en attendant l'heure de me délecter de haricots qui chantent doucement sur le poêle.

J'ai vu avec plaisir les notes d'examen de Michel. Ce n'est pas si mal.

À dimanche prochain.

Jean

Brief vom 19. März 1944 an die Eltern

Unsere Baracke in Kaffee
nach der Befreiung

„Tag J + 2: Ferien in Kaffee“

Wolfsburg: Wir erwarten die Abfahrt

Spaziergang im Schloßpark von Wolfsburg

Zwei Kameraden aus der Ukraine

Die Cousinen, Natascha und Emilia, haben sich schick gemacht

Die Zimmergemeinschaft in KDF
(April 1945)

Die lange Schlange
der Wartenden am Bahnhof

Auf der Heimfahrt im Zug

Irgendwo in Deutschland

Kaffee: Unsere Freundinnen
aus der Ukraine
mit neuen Kleidern

Triumphaler Empfang in Lüttich.
Hitler-Puppe im Sarg

Arbeitskarte der STO-Präfektur in Charleville (Ardennen)

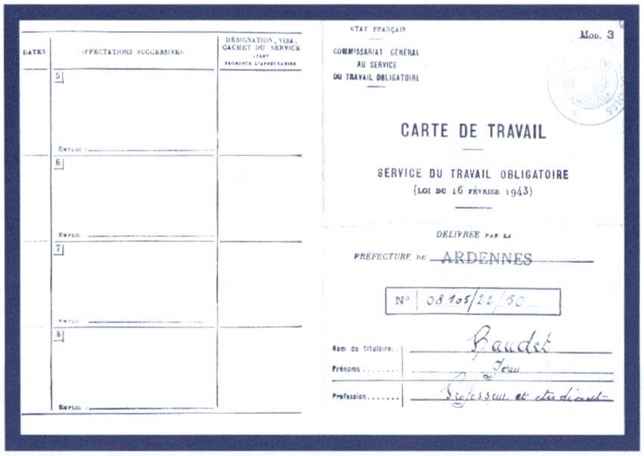

DATES | AFFECTATIONS SUCCESSIVES | DÉSIGNATION, VISA, CACHET DU SERVICE

5 — EMPLOI :
6 — EMPLOI :
7 — EMPLOI :
8 — EMPLOI :

ÉTAT FRANÇAIS

COMMISSARIAT GÉNÉRAL AU SERVICE DU TRAVAIL OBLIGATOIRE

Mod. 3

CARTE DE TRAVAIL

SERVICE DU TRAVAIL OBLIGATOIRE
(LOI DU 16 FÉVRIER 1943)

DELIVREE PAR LA PRÉFECTURE DE ARDENNES

N° 08105/22/50

Nom du titulaire : Baudet
Prénoms : Jean
Profession : Professeur et étudiant

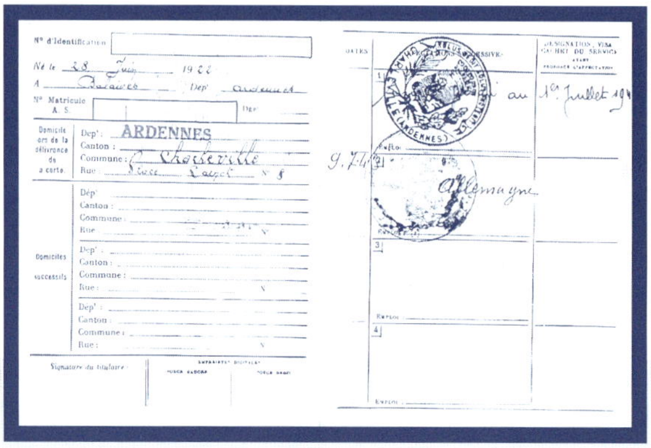

N° d'Identification

Né le 28 Juin 1922
A Balaives Dep' Ardennes

N° Matricule A. S.

Domicile lors de la délivrance de la carte:
Dep' : ARDENNES
Canton :
Commune : Charleville
Rue : Place Ducal N° 8

Domiciles successifs:
Dep' :
Canton :
Commune :
Rue :

Signature du titulaire

DATES | AFFECTATIONS SUCCESSIVES | DÉSIGNATION, VISA, CACHET DU SERVICE

1 — au 1er Juillet 19..
2 — 9.7.4. Allemagne
3 — EMPLOI :
4 — EMPLOI :

Vertragsdauer : 1 JAHR.

Aufnehmendes LAA : Niedersachsen

Nur Ausfüllen, wenn im Auftrag angegeben:
Bahnstation : Rothenfelde Wolfsburg
Arbeitsamt : Stadt des KDF.-Wagens
Betrieb : Volkswagenwerk
Arbeitsort : Rothenfelde - Wolfsburg

Feldkommandantur :

Ich verpflichte mich, meinen Angehörigen einen angemessenen Teil meines Lohnes für den ...

Ort : Paris den 16.7.43

Deutsche Werbestelle Paris (Stempel)

Unterschrift des Angeworbenen

Werbebeauftragter

Anwerbungsvertrag vom 16. Juli 1943

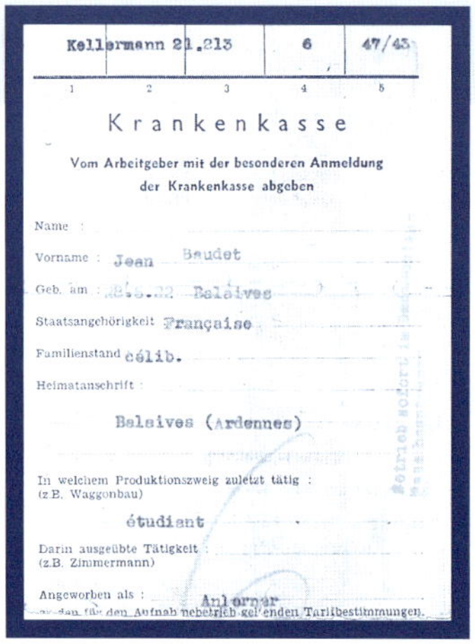

Kellermann	21.213	6	47/43
1	2	3	4	5

Krankenkasse

Vom Arbeitgeber mit der besonderen Anmeldung der Krankenkasse abgeben

Name :
Vorname : Jean Baudet
Geb. am : 28.6.22 Balaives
Staatsangehörigkeit Française
Familienstand célib.
Heimatanschrift : Balaives (Ardennes)

In welchem Produktionszweig zuletzt tätig : (z.B. Waggonbau)
étudiant

Darin ausgeübte Tätigkeit : (z.B. Zimmermann)

Angeworben als : Anlerner
... den für den Aufnahmebetrieb geltenden Tarifbestimmungen.

Krankenkassenanmeldung

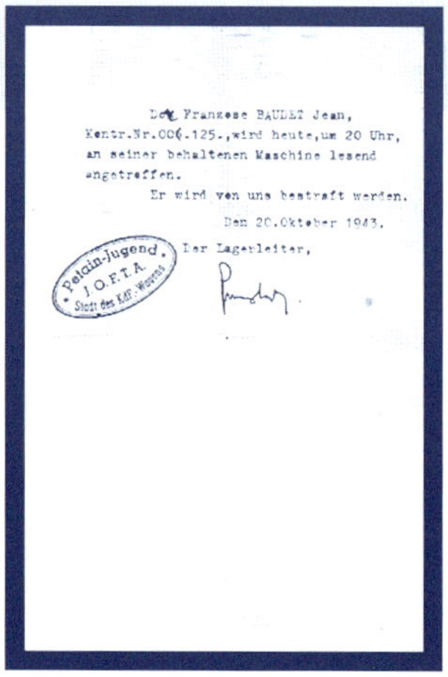

Der Franzose BAUDET Jean,
Kontr.Nr.006.125.,wird heute,um 20 Uhr,
an seiner behaltenen Maschine lesend
angetroffen.
Er wird von uns bestraft werden.
Den 20.Oktober 1943.
Der Lagerleiter,

Meldung des Lagerleiters der JOFTA (20. Okt. 1943)

Arbeitskarte, ausgestellt vom Arbeitsamt der Stadt des KdF-Wagens (14. Okt. 1943)

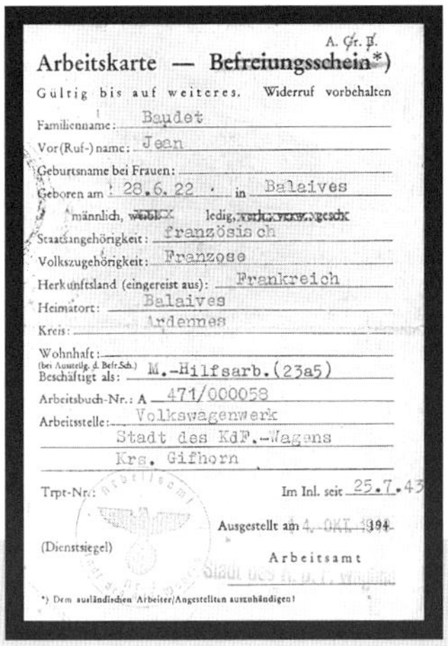

A. Gr. B.

Arbeitskarte — ~~Befreiungsschein~~*)

Gültig bis auf weiteres. Widerruf vorbehalten

Familienname: Baudet

Vor(Ruf-)name: Jean

Geburtsname bei Frauen:

Geboren am: 28.6.22. in Balaives

männlich, ~~weibl.~~ ledig, ~~verh., verw., gesch.~~

Staatsangehörigkeit: französisch

Volkszugehörigkeit: Franzose

Herkunftsland (eingereist aus): Frankreich

Heimatort: Balaives

Kreis: Ardennes

Wohnhaft:

(bei Austellg. d. Befr.Sch.) Beschäftigt als: M.-Hilfsarb. (23a5)

Arbeitsbuch-Nr.: A 471/000058

Arbeitsstelle: Volkswagenwerk Stadt des KdF.-Wagens Krs. Gifhorn

Trpt-Nr.:

Im Inl. seit 25.7.43

Ausgestellt am 4. OKT. 1943

(Dienstsiegel)

Arbeitsamt Stadt des K.d.F.-Wagens

*) Dem ausländischen Arbeiter/Angestellten auszuhändigen!

Erfassungsbescheinigung des Generalkommissariats des STO (27. Febr. 1943)

ÉTAT FRANÇAIS

Modèle N° 2 *bis*

COMMISSARIAT GÉNÉRAL AU SERVICE DU TRAVAIL OBLIGATOIRE

CERTIFICAT DE RECENSEMENT

M. Baudet Jean

Domicilié à Charleville Dépar.:

Rue: Place Carnot N° 8

Hameau ou lieudit:

a satisfait aux obligations de la loi du 16 février 1943, en ce qui concerne le recensement de la main-d'œuvre.

Bulletin de recensement N° 250

CHARLEVILLE, le 27 Février 1943.

Le Maire,

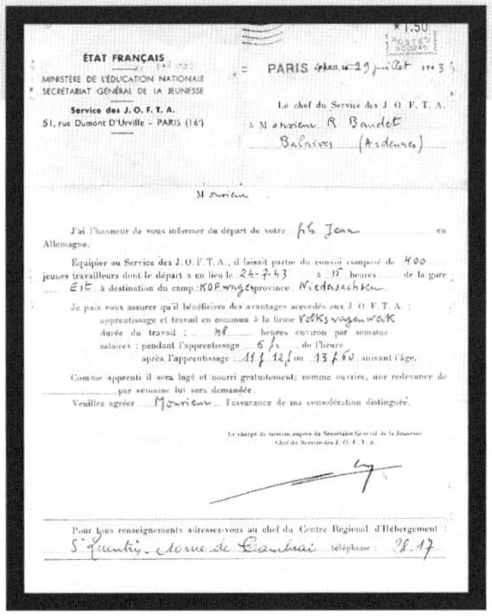

ÉTAT FRANÇAIS

MINISTÈRE DE L'ÉDUCATION NATIONALE

SECRÉTARIAT GÉNÉRAL DE LA JEUNESSE

Service des J. O. F. T. A.

51, rue Dumont D'Urville - PARIS (16e)

PARIS, le 29 juillet 1943

Le chef du Service des J. O. F. T. A.

à Monsieur R. Baudet

Balaives (Ardennes)

Monsieur,

J'ai l'honneur de vous informer du départ de votre fils Jean en Allemagne.

Équipier au Service des J. O. F. T. A., il faisait partie du convoi composé de 400 jeunes travailleurs dont le départ a eu lieu le 24-7-43 à 15 heures de la gare Est à destination du camp KDF wagen province Niedersachsen.

Je puis vous assurer qu'il bénéficiera des avantages accordés aux J. O. F. T. A.:

apprentissage et travail en commun à la firme Volkswagenwerk

durée du travail: 48 heures environ par semaine

salaires: pendant l'apprentissage 6 fr de l'heure

après l'apprentissage: 11 f 12 f ou 13 f 60 suivant l'âge.

Comme apprenti il sera logé et nourri gratuitement; comme ouvrier, une redevance de par semaine lui sera demandée.

Veuillez agréer Monsieur l'assurance de ma considération distinguée.

Le chargé de mission auprès du Secrétaire Général de la Jeunesse

Chef du Service des J. O. F. T. A.

Pour tous renseignements adressez-vous au chef du Centre Régional d'Hébergement:

St Quentin. Mme de Cambrai téléphone: 28.17

Mitteilung des „service des JOFTAS" an R. Baudet (29. Juli 1943)

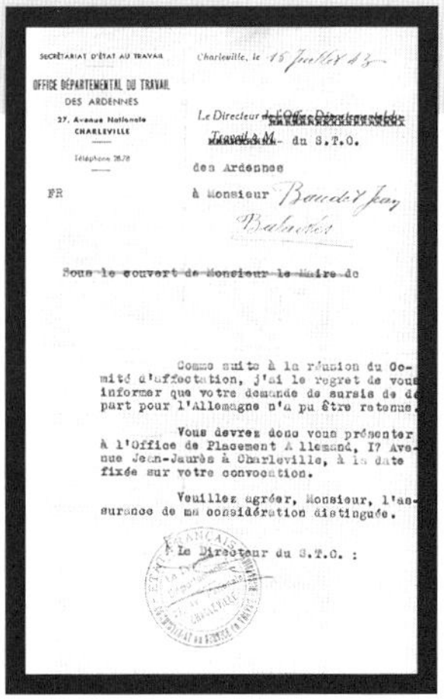

SECRÉTARIAT D'ÉTAT AU TRAVAIL

OFFICE DÉPARTEMENTAL DU TRAVAIL DES ARDENNES

27, Avenue Nationale

CHARLEVILLE

Téléphone 28.78

Charleville, le 15 Juillet 43

Le Directeur ~~de l'Office Départemental du Travail à M.~~ du S.T.O.

des Ardennes

FR

à Monsieur Baudet Jean

Balaives

~~Sous le couvert de Monsieur le Maire de~~

Comme suite à la réunion du Comité d'affectation, j'ai le regret de vous informer que votre demande de sursis de départ pour l'Allemagne n'a pu être retenue.

Vous devrez donc vous présenter à l'Office de Placement Allemand, 17 Avenue Jean-Jaurès à Charleville, à la date fixée sur votre convocation.

Veuillez agréer, Monsieur, l'assurance de ma considération distinguée.

Le Directeur du S.T.O. :

Mitteilung des General-kommissariats des STO (15. Juli 1943)

MINISTÈRE DES PRISONNIERS, DÉPORTÉS ET RÉFUGIÉS

DIRECTION DÉPARTEMENTALE des Ardennes

Modèle A.

RÉPUBLIQUE FRANÇAISE.

08254

CERTIFICAT.

N° 039754

Le Directeur Départemental des Ardennes certifie, d'après les documents que possède son service, que Monsieur BAUDET Jean né le 28 Juin 1922 à BALAIVES (Ardennes) a été déporté (S.T.O.) à KDF STADT (Allemagne) du 20 Juillet 1943 au 19 Mai 1945

Le présent certificat a été délivré pour valoir ce que de droit.

Le 22 JANVIER 1946

NOM ET ADRESSE de l'intéressé:

BAUDET Jean

BALAIVES (Ardennes)

Le Directeur Départemental des Ardennes

Voir au

Amtliche Mitteilung über den Dienst als STO vom 20. Juli 1943 bis 19. Mai 1945 in der Stadt des KdF-Wagens (22. Jan. 1946)